JN201012

僕たちのサードプレイス

学校のなかに「居場所」をつくる

宮田貴子

藤原書店

はじめに

教室の窓の外に立っている女の子がいた。目を真っ赤にして泣いてる。何か言っている。手に何かを持っているようだった。周りの子たちも心配そうに見ていて、口々に何かいっているようだった。

窓を開け、「どうしたの」と聞くと、大事そうに何かをかかえていた両手を広げた。

手の中には、ぐじゃぐじゃでびじょびじょで、卵の黄身や白身のようものが見えた。

「先生、今日で学校に来るの最後って聞いたから。あげたくて。今朝生まれた、家のウズラの卵」

早く先生に見せたくて、でもこわれないように持ってきたのに、走ってきたらころんじゃって、われちゃったと泣きながら、鼻をすすりながら、話してくれた。

ひざは、転んだまんまの泥だらけ。

痛かっただろうに、両手で抱えた卵を離さず、ここまで来た姿が目に浮かんだ。

涙でぐじゃぐじゃの顔と小さな手の中で割れた卵の殻と飛び出た黄身と白身。

「ありがとう」と彼女の手から受け取り、私の手も顔も彼女と同じぐじょぐじょになり、そして二人で笑った。集まってきた子どもたちも、口々に「よかったね」といって笑っていた。大学四年、教育実習最終日の朝のことだった。

大事なものを大切に届けたい。

子どもたちから受け取った大切なことばを、私も早くそのままの姿で皆さんに伝えたくて、この本を書くことにしました。

大学を卒業してすぐには教師にならなかったものの、あるきっかけから四十五歳で「先生」と呼ばれるようになり、それから一五年間の教師生活の中で、「学校とは?」「教室とは?」という問いを何度も突きつけられました。その問いに、子どもたちと向き合い、共に創りあげた、学校のなかのもう一つの教室「たんぽぽ」について紹介したいと思います。

学校のなかの、自分のクラスと自由に行き来できる空間（サードプレイス〔一二二頁参照〕）であり、自分が自分のままでいていい場、大人から与えられた場ではなく自分たちで築く場、自由と責任を一緒に考える場、「たんぽぽ」。そこでの四年間の記録とその卒業生の声、「今」を届けることで、学校のなかに「居場所」があることの意味、そして、学校そのものが、子どもたちや教師がお互いを受け止め合える「居場所」になっているかということを問うてみました。

一五年の間には、何回もころんでしまい、痛みの方に心が奪われ、手の中の卵をはなしてしまったこともありました。

でも、そんな私に、子どもたちはあきらめずに、何回も運んできてくれました。

今から両手を広げます。

私なりの見方が入っていると思いますが、子どもたちからのメッセージを、子どもたちのそのままの言葉で伝える努力の一つとして、「アンケート」を取り、そのまま掲載しています。

ぜひ、あなたの目で確かめてください。

僕たちのサードプレイス

目次

4 綿毛は今、どこへ――卒業生へのアンケートとインタビューから 127

僕たちのサードプレイス

学校のなかに「居場所」をつくる

プロローグ　私自身のことから

腰を痛めて

朝、キッチンのシンクを洗っていて、腰を伸ばした瞬間に腰の左側に痛みが走った。その後は足全体に痛みが伝わり、慌てて近くの整骨院に電話し、治療をお願いした。その後、約束していた方に会いに行ったが、夜になると痛みはひどくなり、次の日はまた違うカイロプラクティックへと行き、鎮痛剤を飲みながら日々の約束や仕事をこなしていた。そして、久しぶりのこの腰の痛みが、高校生の私を呼び起こした。

高校一年生の時に自宅の二階の自室で、机の前に貼ってあるアイドルのポスターを貼りなおそうと机の上に立って作業していたらバランスを崩して落下した。はじめは、落ちた衝撃と痛みに驚き泣いたが、次の日は、普段通り、自転車通学で高校に行った。しかし、次第に足の痛み、しびれを感じるようになった。病院に行くと「椎間板ヘルニア」と診断され、即入院となった。一か月ぐらいの入院予定だったが、治療方法が合わず悪化し、転院することになった。最終的には手術をすることになって、完治に一年近くかかってしまい、その間、高校は休学したのだった。その時のことがからだの痛みを通してよみがえり、今までばらばらだと思っていたこれまでの出会いや体験が一気につながった。

休学から復学した時、父の仕事の関係で、それまで住んでいた青森から仙台に移った。高校も新しくなった。

以前の高校では旧国立一期校への進学を目指し、部活にも入らず、塾と学校の往復の日々だった。

しかし、一年の病院生活を通し、近くで亡くなる方も見る中で、自分の中で何かが変わり始めていた。そんなとき、新しい高校で先輩に誘われ、演劇同好会を立ち上げることになった。顧問になってくれる先生を探し、その年、上智大学を卒業し初任できたばかりの川村敏由先生に無理やりお願いした。その先生が「これ、おもしろいよ。読んでみたら」と紹介してくれたのが、竹内敏晴の『ことばが劈《ひら》かれるとき』（思想の科学社）だった。この本を読み、自分のからだが感じていた違和感、閉塞感から解放されていった。今の自分を信じて、だれに従うでもなく、自分の人生を選んで行っていいのだと思った。

新しい高校に移ったとき、教師から「休学のことはみんなには言わないように。そのほうが友達もすぐにできるよ」と言われていて、一つ年上であることは誰にも言わないまま学校生活を送っていた。

年齢を書くときや生年月日を記入するとき、いつも手で隠しながら記入する自分に違和感を感じていた。この違和感を抱えたままでいることが、友達ができることなのか。教師からのアドバイスに従って生活していたが、友達ができるかどうかを気にするより、自分のからだで感じる違和感に我慢できなかった。一つ年上であることを言わないでいるより、自分のそのままの姿をみんなに伝えていきたい。その時、たまたまテレビでみたＮＨＫの「青年の主張」に応募したら、県代表に選ばれ、テレビ放送を通して、みんなに実際の年齢を伝えることができた。友達は私の年齢を知った後でも、変わりなく付き合ってくれた。先生の心配は、誰のための、何のためのものだったのか。そんな高校生活の中で、自分を解放してくれた『ことばが劈かれるとき』の著者に会いたいと思った。調べてみたら、なんとその年から地元の大学（宮城教育大学、略して宮教）の教授になっていた。

私は進路を変えた。それまで、生物と数学ができるというだけで、「女の子には将来的にも食品化学系に就職できるからここがいいよ」と言われて選んでいた地元国立大学農学部から、教員養成大学である宮教へと変えたのだ。運よく、ＮＨＫの「青年の主張」代表に選ばれたこともあり、学校推薦でその大学に入学することができた。

入学と同時に、目指した場所は「竹内合同研究室」だった。そこに入ることが、宮教に入学した目的だった。宮教の「合同研究室」は当時の林竹二学長が提案したもので、教員と学生が一体となって研究活動を行うことで、教育の質を向上させるというものであった。「合同研究室」には一年生から入ることができ、ゼミなどにも参加することができた。大学一年生の四月、緊張と憧れとともに竹内合研に足を運んだ初日に先輩から言われたことは衝撃的であった。

「ここでは、いやなことはしなくていいよ。自分がやりたいと思ったらやってね。一年生だからこれやらないといけない、とかないからね。お茶とかも飲みたい人が自分で淹れるし、一緒に飲みたかったら相手に聞けばいいから。じゃあ、お好きにね」

「いやあ、『これやってね』と言われた方が楽だよね。さてと、私は何したいんだろう」と思い、とりあえずソファに腰かけたら、うとうとと眠り始めてしまった。そんな出会いから始まり、そこで学んだ四年間が、今、私の、出会った子どもたちとの学びにつながっている。

竹内敏晴先生から卒業の時にいただいた芭蕉の句が四〇年を経て、今、鮮明によみがえる。

「そのままよ　月もたのまじ　伊吹山」

「竹内合同研究室」での四年間は、自分が「そのまま」を受け入れられ、生きることができた時間だった。

では、私自身は、出会った子どもたちをそのままに受け入れることはできたのだろうか。

彼らは「彼らのまま」生きることができたのだろうか。

「竹内レッスン」との出会い

竹内先生の授業は、講義形式ではなく「レッスン」と呼ばれるものだった。大学のシラバスでは「表現演習」となっていた。彼は演出家であり、独自の「からだとことば」のワークショップを主宰したことで知られていたが、教育哲学者の林竹二先生との出会いをきっかけに、学校教育の現場にも深く関わるようになり、宮城教育大学の教授になったのだ。

「からだとことばのレッスン」は、設定された目的を達成するための技術を習得する方法ではない。

「自分自身への問いかけと、気づき――つまり新しく開かれた世界――への、出発のくり返しにすぎない。」

（竹内敏晴『「出会う」ということ』より）

大学一年生の時、授業の中で「出会いのレッスン」があった。「出会いのレッスン」とは、二人の人が部屋のあっちとこっち、それぞれ反対側の壁に向かって立って、「どうぞ」という合図で振り向いて、この人はあっち、あの人はこっちへ歩く。すると途中で、二人はすれ違う。すれ違った時に、感じるまま動いてみる、というレッスンである。一組が終わると、竹内先生から、自分の中で何が起きていたのか、何を感じていたのかなどの問いかけがあった。

ただし、この時の「出会いのレッスン」は「転がりの出会いのレッスン」であり、両サイドから、寝転がりながらすれ違うというものであった。

私は相手が近づくたびに、私のからだに触れてくるたびに、逃げたかった。しかし、逃げることは拒絶することであり、相手に悪いと思って、我慢してからだを固めていった。「声を出したい。でも、出してはいけない」と思う自分がいた。

竹内先生に「なぜ声を出してはいけないと思ったの」と聞かれても、それに答えることができなかった。

「中途半端なんだよ」と言われた。

そう、私はずっと中途半端な位置に、どっちつかずの位置に自分を置いてきた。父の仕事の関係で転校が多く、幼稚園から大学生になるまでの間に一四校に通った。転入生は、はじめから自分を出せば「生意気だ」と言われ、おとなしくしていると「暗い」と言われ、どっちにしろ仲間はずれにされる。そんな中で、私はいつも中途半端などっちつかずの位置に自分を置くように心がけていた。最初は無理してそうやっていたのだが、ずっとそうしているうちに、自らそれを選ぶからだになっていった。小学校六年生のとき、友達の一人に「あんまりほかの人のところに行かないで」と言われて、「私はあなた一人が友達じゃない」と言った。中学三年のときには「あんたはコウモリだよ。あっちフラフラ、こっちフラフラ」と言われ、私はムキになって「私はみんなと友達になりたいんだよ」といった。

「出会いのレッスン」で、先生から「中途半端なんだよ」と言われるまで、その事に気づいていなかった。いいえ、思い出したくなかった。認めたくなかった。

でもこの後、私は、本当に何年かぶりかにほっとした。安心していた。

「ここでは素直に自分を出していいんだ。本当にいいんだ」と思うことができ、からだの力が、今まで固めていたものが、すうっと抜けていった。

そのあとすぐ「暗闇の国」というレッスンをやった。

「暗闇の国」のレッスンとは、真っ暗な部屋の中に何人もの人がいて、その中で各自自由に過ごす。人とふれあいたいと思った人は相手を探しても良いし、人から逃げたいという者は逃げてもよい。各自が自分の思った通りに、生きたいように動いてよいのである。以前このレッスンを一度受けたときは、私はただただ逃げ回り、部屋の隅に小さくなって座っていた。しかし今回はちょっと違った。最初はやはり怖くて、息を荒くし、その場に立ち尽くしていた。でも、そのうちにいい匂いがしてきて、何か暖かいものが、優しいものが近寄ってきた。それは一人の人間であった。私はもう逃げたりはしなかった。なぜならその場にいたかったからである。私はその人に抱かれ、息が柔らかくなり、落ち着いていった。すると世界が変わって見えた。私は遊びたくなった。でも、私が近づくと、みんなは逃げ、誰も遊んでくれない。私はそのうちに、遊んでくれないことに腹が立ち、足をバタバタして暴れ始めた。そこでレッスンが終わった。

竹内レッスンの場は、自分が自分でいられる場であった。自分を出したときに、褒められることも否定されることもなく、そのままを受け入れられる。そして、相手はまっすぐに自分に問うてくる。聞いてくる。それが、本当に心地よかった。

自分をそのままに表出したときに「無条件の受容」をされることで、自分自身について抱いている価値観や評価などが変化する。

自己に対する否定的な認識が肯定的なものに変わり、他人の反応を自分の行為の指針とする必要がなくなるのである。心理学やカウンセリングの講義では学び、頭ではわかっていたことでも、自分自身がそれを体感したとき、はじめて「受容」という言葉を自分のからだと一体化することができた。

そして、後に教師になったとき、この体験をしたことの重要性をより痛感した。「どうして、宮田先生はそんな風に子どもたちのことを受け入れられるんですか？」とよく聞かれた。子どもたちを言葉だけではなく、からだごと受けとめることは、自分が受け止められた経験があるからこそ、感じることができたのだと思う。

芝居を通して

毎年、竹内先生の授業の締め括りは、授業参加者が一つの芝居を上演するというかたちで終える。劇を上演することの意義について、竹内先生は以下のように述べている。

「劇を上演するのは、舞台では後戻りが出来ないからである。稽古と違って、間違えてもやり直したりすることはできない。しまったと思ったら、その瞬間に自分が決断して前へ飛ばなくてはならない。いわば全くの独り立ちですべての行動を引き受けることだし、全力を尽くして逃げようとする自分を超えてゆくことでもある。」

（竹内敏晴『表現するからだ』「走り書き」より）

私は四年間その芝居に参加することができた。一年生のときは水上勉の『ブンナよ、木からおりてこい』、二年生のときは宮本研『はだしの青春』、三年生ではチェーホフの『プロポーズ』、そして四年生ではアーサー・ミラーの『るつぼ』であった。

一年生のときの『ブンナよ、木からおりてこい』では、土ガエルの役で、先輩たちの「スズメ」「モズ」「へび」「ウシガエル」「つぐみ」がそれぞれの役に取り組む姿にあこがれると同時に「ともに生きる」喜びに歓喜していた。

二年生のときの『はだしの青春』では、田舎からお見合いに来た娘「民江」を演じた。このとき、初めて舞台で観客からの笑い、反応に圧倒されながらも、観客によってやっと立つことができたことを実感した。

三年生の『プロポーズ』では「キス三題」とし、三つの短編がすべてキスで終わるというものであった。男女間のやり取り、セリフから「キス」で終わるという演目に、「アクションって何?」と頭を悩ませた。「役の後ろ」に隠れることではなく、まねること、ジェスチュアでもなく、アクションを起こす。「人間が、その存在すべてを露わにして立つこと。存在を賭けて行動すること」(『表現するからだ』走り書き」より)を、後戻りできない舞台の上で実践する難しさを痛感した。

そして、大学四年生で『るつぼ』に参加できたことには、心から感謝している。そのときの経験が、社会に出てから痛いほどよみがえり(この作品に重なることが現実に起こった)、自分の言葉を伝える力を与えてくれた。

『るつぼ』の物語は、一六九二年にアメリカ・マサチューセッツ州セーラムで起きた「魔女騒動」を題材に描かれたものである。キリスト教の戒律に人々の欲望が絡み、無罪の者が死刑にされた実話が重なっている。先生からは、これから社会に出る前にこのドラマを通して「嫌なことは嫌と、自分自身でNOと言える自由、しんどさをわかってほしい。体感してほしい」と言われた。また「『人間対人間』ではなく、人間と人間を超えるものとの間に、初めてドラマが成り立つ」と言われたことが今でも心に残っている。

私は、『るつぼ』では、メアリー・ウォーレンという役を演じた。メアリー・ウォーレンは、一六九二年のセーラム魔女裁判における最も年長の告発者であり、裁判が開始された当時十八歳であった。彼女は、ジョンとエリザベスのプロクター家夫妻のもとで侍女として働いていた。気弱で臆病な性格で、アヴィゲイルに利用され、うその証言をする。芝居の稽古中、裁判で真実を問われていく場面では、呼吸が苦しくなり、何度か倒れてしまった。多数派の声がある中で、真実がゆがめられていくことへの恐怖を感じた。実際に起きた事実をそのままに伝えることが、こんなにもしんどいことなのか。事実と真実の違いとは何か。自分には白と見えているものを、自分以外の者が黒と言ったときに、白と言い続けることができない。芝居の中では、メアリーは最終的には白を黒と言ってしまう。

私は、教師になったとき、子どもたちの前で、誰のせいにもせずに、自分の言葉に責任を持てるのだろうか。大学の卒業を前にして、そのような問いを突きつけられたのだった。

今の自分では子どもたちの前に立つことができない

大学卒業を前にした二十二歳のとき、決まっていた教員の仕事を断った。

就職内定先の学校に返事をしなくてはいけない前日の夜、竹内先生に、大学の前のバス停の横にある公衆電話から電話した。

――子どもたちとの出会いや教師という仕事には魅力を感じている。しかし、今の自分が子どもたちの前に立っていいのか。違う気がする。

教育実習で、管理職や権威者に対して「そのままの自分」でいることができず、疑問に感じたことも問うことを恐れ、自分の心をごまかしてしまう自分がいた。

そんな自分が、子どもたちの前に今立っていいのか。今、自分がやりたいことは何なのかは、うまく言えないが……――

先生は、私の話を黙って聞いていて、笑いながら「もう、自分で答えが出ているじゃないですか。それをしたらいいですよ」と言った。

大学四年の私は、「子どもの前に立つ」ということがどういうことか言葉で説明することができなかったが、「今は立てない。立てていない」ということだけははっきりとしていた。

では、どうしたらいいのか。

出た答えは、自分自身が、人として立つことを学び、実感することからしかスタートできないのではないかということであった。

アメリカに行く

大学卒業後、就職せずにアルバイトをしながら、再び学び始めた。竹内先生が東京で主宰していた「竹内演劇研究所」、仙台で初めてできた民間のカウンセリング研究所「DICT」や東京での「カウンセリングアカデミー」、臨床心理学者カール・ロジャースを日本に紹介した第一人者である友田不二男さんの「掌風会」など、様々なところで自分を探っていた。

そして、二十五歳で、アメリカのエサレン研究所で学びたいと思い、アメリカ行きを決めた。エサレン研究所は、カリフォルニア州ビックサーという海岸沿いにあり、「人間の潜在的可能性を探求する、滞在型の宿泊施設」として一九六二年に誕生した。ゲシュタルト心理療法の創始者であるフリッツ・パールズや現代催眠の父ミルトン・エリクソンや人間性心理学とトランスパーソナル心理学の創始者アブラハム・マズローをはじめ、現代の心理療法の創始者たちが様々なワークショップを開催していた。

九月からワーキングスタッフとして働きながら学ぶことのみを決め、アメリカ行きに向けてアルバイトをしていた。

そんなとき、英会話を教わっていたアメリカ人の先生から手紙がきた。彼女はご主人の仕事で仙台に数年住んでいたが、数か月前にアメリカに帰国しており、私の留学の相談にのってくれていた。エサレン研究所に行く前に、英語を学べるホームステイ先を探してくれており、それが見つかったということであった。

彼女はクリスチャンの方で、カウンセラーをしていた。教会に手紙を書いて、無料でホームステイさせてくれるところを探してくれたのである。藁をもすがる気持ちで、予定を大幅に繰り上げ、一月に彼女だけを頼りにアメリカ・コロラド州に行くこととなった。

ホームステイ先は二十代の既婚者の家庭で、地下にある部屋を貸してくれた。一歳になったばかりの女の子がいて、自分たちがデートに行くときに子どもを見てくれればそれでよいといわれた。二人には「僕たちはクリスチャンで、聖書に書かれていることを実践したいだけだから。遠慮しないで」と言われた。

彼らの言っている聖書の意味もよくわからないまま、ありがたくその提案にのった。

一緒に暮らしている手前、日曜日の午前中は教会に行った。英語の学習にもなると思い、よくわからないまま牧師の話を聞いていた。教会のみんなはフレンドリーで、私の下手な英語も、嫌な顔せず聞いてくれることがうれしかった。

そんな中、個人的に聖書の勉強も始めた。聖書の内容を知ると同時に、聖書の登場人物と自分自身の心や感情が重なり、二千年前の話とは思えず、戸惑いを感じながらも、キリスト教に深く惹かれていく自分がいた。

アメリカ行きの飛行機の中で読んだ、竹内先生からの手紙の一文も心にずうっとひっかかったままであった。「人が人として立つというのは、神（人を超えうるもの、絶対者）の前でしかなりえないのではないのかと思っています」。この言葉の意味を聖書の中に探していた。

コロラド・サイコドラマセンターでのワークを通して

聖書の勉強と同時に、コロラド・サイコドラマセンターでのワークショップに参加していた。「サイコドラマ」とは、精神科医ヤコブ・モレノが始めた演劇的技法を用いた集団精神療法である。

自分と母親の関係をサイコドラマで再現したり、自分の中で心にひっかかっている問題をエンプティチェア（空の椅子を二脚用意し、片方の椅子に座り、向かいの椅子に自分が話したい相手がいると想定して自分の思いを伝えたり、相手側の椅子に座って答えたりするカウンセリング技法）で言語化したりした。内面に食い込んでいくワークに毎日ずたずたに疲れ、泣いた顔で帰る私に、ホームステイ先のママは不思議そうに「貴子は、なんでお金払って、毎日泣いて帰ってくるの」と言っていた。

あるワークの中で、自分の気持ちをどう表現していいかわからず、「英語でうまく言えない」と言ったら「日本語でいいから言ってごらん」と言われた。「日本語でと言われても、そういうことじゃない」と、英語で一生懸命説明している自分がいた。

そんな中で、ふと「人が一人で立つってこんなにさびしく、しんどいんだ」と思った。

その場でしゃがみこんでワークを終えることもできたが、でも、立つ、立ちたいと思った。そうしたら、他者が現れた。それは、大学三年の時にはわからなかった「アクション」＝「人間が、その存在すべてを露わにして立つこと。存在を賭けて行動すること」が起きたのである。もちろん、そう思う前にも他者はいたのではあるが、自分の中では、そのときに初めてもう一人の人（自分以外の人）として目の前に現れたのだ。目の前に立っている人もまた、その人の孤独を抱えて立っているのかと思うと、その人に触れてみたいと思った。

そのとき、初めて、他者との関係を持ちたいなと思った。

大学四年のときの『るつぼ』では、一人で立つことのしんどさに圧倒されるばかりであったが、コロラド・サイコドラマセンターでのワークでは、そのしんどさをかみしめ、自分のものとして受け止めることができた。

ボディワーク（からだへの働きかけを通して気づきを得たり、意識をもって行うことで変化が起きるワーク）を通して、自己発見を南山短期大学の学生とともに構築してきたグラバア俊子の著書『ボディー・ワークのすすめ』の中に、「自己の象徴としてのからだ」について書かれている。「自己の象徴としてのからだ」とは、自分が今までどのように生きてきて、今どう生きているかを、自分のからだが表しているということだ。また「解消されていない過去の感情体験はからだに残っている」とも書かれている。自分のからだを、一人で立つことのしんどさ、孤独を、受け入れることができたとき、他者のからだが現れたのである。そのとき、目の前に現れた他者への恐れはなく、自然と手が伸び、相手に触れたいと近づくからだがそこにあった。

そして、私はそこである大きな決心をした。

エサレン研究所でワーキングスタッフとして研修を受けることを断り、コロラド州に残って聖書の勉強を続ける中で、ボディワークなどの研修を受けることにしたのだ。

日本に帰国して

アメリカでの聖書の勉強を通して、「罪」というものを知ることができたが、神の恵みによる救いまでは理解することができなかった。帰国し、仙台の実家から東京へと引っ越した。そこで、再度日本語で聖書を学び、恵みを理解できたとき、私は、神の前に立ち、自分を差し出したいと思い、洗礼を受けた。

人は人にすべてをゆだねることはできない。すべてをゆだねられる存在を知り、祈ることができることで、今の自分がある。

東京での就職活動中に、アーノルド・ミンデル——プロセス指向心理学を創始した心理学者——の日本でのワークショップに参加し、そこで出会った経営コンサルタント、安藤嘉昭さんの会社に就職した。仕事は企業研修やコンサルタントであった。人間関係の構築として、ボディワークやカウンセリングを取り入れた研修を担当した。安藤さんのアシスタントとして会議に一緒に参加し、参加している方々のからだの動きや姿勢、発言などを図式化し、そこから見える人間関係を助言するという仕事もあった。

また、この会社での仕事を通して知り合った方の推薦で、社会人のために心理学講座を開設し、大学のサテライトキャンパスで講師を担当するようになった。

その後、結婚を機に退社し、専門学校のカウンセラーとして働くようになった。

教会での挫折、新たなる出発

結婚の相手は、社会人として、仕事をしながら教会に通うなかで知り合った方だった。

子どもにも恵まれ、長女が一歳になるとき、ある牧師から話があり、ミッションチームに参加することを決めた。ミッションチームとは、新しい土地に新たに教会を建て、キリスト教を伝えるためのチームである。夫婦ともに、会社を辞め、東京から名古屋へと引っ越した。教会での働きはボランティアであり、無報酬であったが、その一年後、ミッションチームでの成果が認められ、教会スタッフ（正規の職員）として働くことになった。

働き始めた七年後に、その教会内に大きな事件が勃発した。アメリカの教会で創立者の牧師に対する批判が始まり、教えに対する意見が分かれ、独立して新たな派をつくる動きも出てきた。その影響を受け、日本の教会でも、憶測や推測などから不信感が生まれ、分裂が起きた。そして、多くの信者が教会を離れていった。

信仰を同じくする者たちの間で起きた憎しみやあざけり、ののしりあいを目の当たりにした。教会への不信感は、教会スタッフにぶつけられた。自分たちの献金が給料として支払われているスタッフたちの生活にまで関心が向けられ、存在を否定されるような言葉も浴びせられた。聖書に書かれていることを信じ、理想として働いていた中で、その光景は強烈なものであった。しかし、改めて「教会は罪人の集まりである」という聖書の言葉の真実を知った。

そして、自分はその中で、今、誰に気に入られようとあがいているのか考えた。

「いま私は人に取り入ろうとしているのでしょうか。いや。神に、でしょう。あるいはまた、人の歓心を買おうと努めているのでしょうか。もし私が今なお人の歓心を買おうとするようなら、私はキリストのしもべとは言えません。」（「ガラテヤ人への手紙」一章十節）

四十五歳、教会のスタッフを辞めることにした。

1

学校って？　教育って？

――わからないことだらけの臨任時代

四十五歳で失業、そして「先生」になる

四十五歳、小学生の子ども二人がいる中で、夫婦二人で同時期に失業した。さて、今から何をすべきなのか。

教会での仕事を天職と思い、充実した日々を送っていただけに、呆然としたが、目の前の子どもたちとの生活もあり、すぐに決めなくてはいけなかった。

祈った中で、原点に戻りたいと思った。

二十二歳のときに断った「学校」へ、子どもたちの前に立つという選択はないのかと考えた。

とりあえず、東京都の教育委員会で臨時的任用教員に登録した。臨時的任用教員とは、正規の教員が産休・育休や病気等で欠員が生じた際に、代替として配置される教員である。授業や学級担任、校務文書などは、正規教員と同じ業務を担当する。するとすぐにある小学校から電話があり、面接を受けたら、その場で決まってしまった。校長先生に「来週からでも来てほしいです」とその場で言われ、契約条件やお給料など教えてほしいと聞いたら、「そんな人は初めてだ」と言われ、事務の方も「これから今までの経歴を計算してから決まるので、今は答えられない」という。「先生になるのに、給与の額を聞く人はいない」といわれ、学校とは一般社会の常識とはかけ離れていると思った。「子どももおり、生活もあり、行こうか迷っている

もう一つの就職先もある」と言ったら「いやぁ、この出会いを大切にしましょう」と言われ、その押しの強さに圧倒されたが、今ならわかる。後に自分が管理職になってみてわかったのは、臨時的任用教員を年度の途中で探すのは大変なのである。人がいないのである。だから、応募者がよほどの変な人でない限り、経験がなくても、すぐに働ける人ならだれでも欲しいのである。しかし、そんな学校事情を知らない私は、驚きの中、戸惑いつつも、校長先生の「出会いだよ」という言葉に押され、子どもたちと出会えることに喜びを感じて、その学校で働くことを決めた。

面接を受けたその日の夜、事後報告で家族に伝えると、当時小学校五年と三年生だった二人の娘が一番驚いた。「ママが小学校の先生になるの？　大丈夫なの？」と言われ、そして、もし先生になるのならと、二つの条件を出された。「これができないなら、やらないでほしい」と。

一つは、「休み時間、毎日子どもと一緒に遊ぶこと」。

もう一つは、「子どもたち同士を決して比べないこと」。「もちろん、わたしたちともね」と念を押された。

そして、二〇〇五年九月一日、都内の小学校の三年生の担任となったのである。前担任が産休を取ることになり、その先生の代わりに、二〇〇六年三月末までの六か月の契約である。

子どもたちとともに学びたいという気持ちのみで、四十五歳で初めて「先生」と呼ばれる仕事に就くことになった。

毎朝、わが家の子どもたちより一時間早く家を出て、職場である学校に行く。職員室に行き、出勤簿に印鑑を押し、教室へ向かう。教室に入り、窓を開けて換気をし、黒板に今日の日付を書く。そして、二七名の子どもたちを待つ。

「今日は、だれが最初に登校するかな」「どんな顔してくるかな」と想像しながら、バタバタと足音が聞こえてくると、ちょっとドキドキする。

「おはよう。○○さん」と声をかけ、一日が始まる。

今までとは、まったく違う生活が始まった。

そんな中で自分にとって衝撃的だった出来事（エピソード）をいくつかランダムに紹介することで、学校現場を、子どもたちのすばらしさ、可能性を知っていただきたい。

「海は広いな　大きいな」

受け持った二七名のクラスの中に一人、軽度の知的障害をもった女の子がいた。

明るく、いつも笑顔でおおらかな子だった。ゆっくりだが、彼女のペースで学習に取り組み、周りの友達もよく声をかけてくれていた。また、その子のために、学習支援員（児童に対する日常生活動作や学習活動上の支援をするスタッフ）が一人ついていた。

国語のお習字の時間のことである。その日は「大」という字をみんなで練習していた。

するとその子が字を書きながら歌いだしたのである。

「海は広いな　大きいな」と、筆を動かしながら、からだを横にゆすり、楽しそうに歌っていた。机間巡視（授業中に教師が児童の席の間を歩き回り、個別に指導や観察を行うこと）をしていた私は「なんてすてきなんだろう。彼女の中に、海が浮かんできたんだなあ」と思っていたら、彼女の後ろに立ってみていた学習支援員の方が注意し始めた。「今は、音楽の時間ではありません。歌ってはいけません。お習字は静かに黙って書くんですよ」と。

その子は下を向き、歌うのをやめてしまった。

その光景に驚き、彼女のそばに行き、「○○さんは『大きい』という字を書いていたら、海が浮かんだんだね。すてきなことだね」というと、支援員の方から「何を言っているんですか」と不思議な顔をされた。周りの子どもたちからも「お習字は静かにやらないとだめなんだよ。□□先生（八月まで受け持っていた担任の先生）もそういってたよ」と言われた。「でも、○○さんはわざとお習字の時間に歌ったのではなく、一生懸命字を書いていたら、自然と歌が浮かんできたんだから、みんなの邪魔しているのではないんだよ」と話していたら、チャイムが鳴り、習字の時間は終わってしまった。

現在、改めて振り返ったときに、臨任時代のこのエピソードがなぜ気になるのか考えてみた。私は、彼女が本当に楽しそうにからだをゆらしながら、「海は広いな　大きいな」と歌いながら「大」という漢字を毛筆で書いている姿を見たとき、知らず知らずに微笑んでいた。そして、お習字が苦手な私は（字を書くこと自体にコンプレックスを持っている）「いいなー。こんなに楽しんで字を書けるなんて」と思った。その時に、周りの子どもたちから出た「〇〇さん、だめなんだ。なんで歌ってるの」という言葉、そして彼女についている支援員の「今は、音楽の時間ではありません。歌ってはいけません」という言葉にショックを受けたのである。同じ教室の中で、彼女に共感し「楽しそう」って思ったり、興味をもつ子どもがいなくて「だめなことをしている」と片づけてしまう姿に愕然としたのである。

彼女の「いま」を受け止める子どもがいないのか。自分が楽しくて笑ったりしたときに、それを受け止めて一緒に笑ってくれたり、うなずいてくれる友達や「だめだよ」といいながらもその姿を受け止めてくれる関係があるのではなく、行動が正しいか正しくないかだけを評価しあう関係にいたたまれなかったのだ。

まず、私から変わらなくてはと思った。

子どもたちが自分の意見や思いを言った時には、まずは否定せずに最後まで聞く。そして、自分がわからないと思ったことは聞く。行動に関しても否定せずに受け止め、「なぜそうしたのか」をまず本人に聞くところから始めた。

なかなか難しく、何度も失敗してしまう自分がいた。しかし、子どもたちは自分たちで「まずは最後まで聞こうよ」と口々に言うようになり、お互いを認め合ううえで話し合うようになった。ついつい時間を気にして結論を急ぐ私に、子どもたちは「先生、最後まで聞かなきゃわからないよ」というのであった。

子どもが経験している「いま」は一人ひとり違い、その子にとっての意味も違う。その「いま」をきちんと受け止め、言葉にして子どもに返してあげることが、同じ時、同じ場所でじかにつながっていくことが、学びにつながっていく。その瞬間を共に歩むことの難しさは、教師としての年数を増すごとに感じるようになっていった。はじめは、その場に一緒にいるだけで精一杯であった。しかし「いま」を重ね、じかな関係を増すことにより、自分を知り他者を知り、関係が出来ていく。

現在、文部科学省が示す「生きる力」は、子どもたちが将来の社会で自立し、他者と協力しながら生きていくために必要な力を指している。この「生きる力」は、単に知識や技能を身につけることだけでなく、自己理解や他者理解、問題解決能力、そして感情のコントロールなど、幅広い要素から成り立っている。

まず、教師が子どもたちの「いま」に寄り添うことで、子どもたちは自分自身を理解し、周囲との関係を築く力を育むことができる。子どもたちが安心して自分を表現できる環境を整えることが「生きる力」を育む第一歩になると思う。すべてを受け入れる必要もないし、違うなと感じてもいい。でも、そこに、自分をそのまま出したときに受け止めてくれる、「いま」を一緒に感じてくれる関係がなければ、怖くて自分でいることができないのではないだろうか。

安心できないところで「楽しい、おもしろい」「なんでだろう」などと感じることができるのだろうか。学びが始まらないのではないか。

「生きる力」とは、能動的に教えられたことを覚えるだけではなく、主体的に自分が感じて、決定していく力、責任を持つ力であり、それがなければ、生きていくことができない社会になってきているのだから。

不審者？

午前中の授業中のことであった。大きな怒鳴り声が廊下に響いた。

「不審者？」と思い、廊下に飛び出すと、廊下の向こうにも一人、飛び出してきて様子をうかがっている人がいた。

校長先生である。校長先生も新しくこの学校に赴任したばかりであった。

二人で顔を見合わせ、「今のは何でしょうね」と話した。

結局、二つ隣のクラスの学年主任の先生が子どもたちを怒った声だとわかった。

何事もなかったように校長室に戻る校長先生の後姿を見ながら、学校というものの不思議さをかみしめ、私も、教室にいる子どもたちのところに戻った。

二つ隣のクラスの中にまで響く教師の怒鳴り声は、目の前にいる子どもたちにはどれほどのものだったんだろうと思うと恐ろしかった。

もちろん、命の危険にかかわることであれば、何があっても阻止しなくてはいけない。すぐにアクションを起こし、声も響き渡る声を出さなければならないであろう。

しかし、逆も言える。教師の声、言葉によって、子どもたちの命を削り取ってしまうこともある。

そして、その後も教師を続けていく中で、そのことはますます気を付けなくてはと思うようになった。恐怖は子どもたちのからだのなかに残り、行動を制限させてしまう。また、子どもたちはお互いにとって小さな「先生」にもなる。教師と子どもたちとの関係は、子ども同士の関係へとつながっていく。怒鳴ることで相手を制する力関係は、子どもたちにも引き継がれていく。

子どもたちは、担任の姿からしっかり学んでいるのである。言葉で言われたことでなくても。

自分の声、言葉は、子どもたちにどう蒔かれ、育っていっているのか。

私の声は誰に向けられているのか。実際にその相手に届いているのか。

相手にどんなかたちで届いたのか。相手はどう感じたのか。

自分自身に問わなければいけない課題が山ほどある、と感じた。

子どもたちとの関係が増すごとに、子どもたちの持つ創造性と探求心に圧倒され、未来を共に歩める喜びに満たされていったが、同時に、「学校」という組織の中で教育公務員として働いていると、制限されることがある。

目の前の子どもたちと生きる自分自身に、毎回「これでいいのか」と問いかけながら進んでいくしかなかった。

そもそも、学校は、だれのためにあるのか。

学校の主役は子どもであるべきであり、もし彼らが恐怖によって、先生の目を恐れて、先生の望む行動を行うなら、それはもう学校ではない。「子どもが生きる場」ではなく「子どもが監視される場」になってしまっている。

現在、教員を退職し、公認心理師として様々な学校を巡回するようになったが、その中でも、教師の声の恐怖におびえる子どもたちの姿を見かけた。小学校一年生のクラスである。子どもたちの声は聞こえず、先生の声だけが響く。そこには、笑いもない。大人の私でも、その先生の注意の仕方は「怖い」としか感じなかった。言われている内容より、ただ先生の「怒り」だけが伝わってきた。その場にいることがつらかった。そのクラスには、なかなか担任の先生の指示どおりに動けない子がいた。先生にしてみれば、毎日のことで疲れていたとも考えることはできるが、その子を注意する先生の声に、注意されていないほかの子もおびえていた。巡回相談で初めてその教室を訪れた私に、数人の子が「先生、僕はまちがっていない？　大丈夫かな」「先生、ホントは私もこの答えがわからない。教えて」などと聞いてきた。担任の先生がこわくて、授業についての質問ができないのだ。

放課後に、巡回したクラスの様子を管理職に伝える場で、子どもたちの様子を伝えると同時に、教師の声について話をすると、管理職は笑いながら「先生の前でもやりましたか。普段から話しているのですけど」と言うだけで、話は終わってしまった。

管理職の「管理する」とは、ただ事実を知っていることではないはずではないか。

私は、子どもたちから直接声を聴いた者として、その声を伝え、学校を一緒に創りあげていくことをあきらめないと自分自身に言い聞かせ帰途に就いた。

中休み二五分、思いっきり遊ぶと……

娘たちとの約束通り、中休みには、天気の良い日はクラスのみんなと校庭で遊んだ。ドッジボールや三角ベースボールなどで二五分間、思いっきり遊ぶと、子どもたちも私も次の三時間目はくたくたである。

夏はだらだらと汗をかきながら、からだがおちつくまで、三時間目の最初に一〇分くらい読み聞かせをした。今は、どの教室も冷房が効いているが、当時は扇風機だけであった。

娘たちとの約束の実行は体力的にしんどく、「仕事があるから」と言って職員室に逃げたくなる日もあった。しかし、遊びを通して、子どもたち一人ひとりの、教室では見ることのできない顔に出会うことができた。この体験は貴重であり、子どもたちの声にならない声が、からだを通して聞こえるようになってきた。教員としての自分を、子どもたちに育ててもらった。後に自分が管理職になったときには、初任の先生に「休み時間、思いっきり一緒に遊んで」と話すようにした。職員室から見ると、校庭を走る子どもたちも先生も、とてもいい顔をしていた。笑い声が響きあう学校はすてきである。時々、校庭を眺めている私に気づいた子どもたちにはお叱りをうけた。「副校長先生、来て。一緒に遊ぼう」と。

「しょうがないよ。一年生なんだから」

現在は、子どもたちの安全面を考慮して、放課後はチャイムと同時に一斉下校をさせることになっているが、当時は、少しぐらいなら教室で放課後に話をすることができた。

放課後の子どもたちは、授業中とは違う顔を見せてくれる。家のことや最近悩んでいること、友達のことなど、いろいろな話を聞いていたら、校内放送が流れた。

「あっ、そろそろみんな帰らないと」と私が言うと、その放送は教員向けであった。

——これで、各作業は終わりました。お疲れさまでした。——

「あっ、今日は放課後、職員作業の日だった。完全に忘れていた。どうしよう」と頭を抱えていると、子どもたちは「大丈夫だよ。しょうがないよ。先生、一年生なんだから。わかってくれるよ。私たちもう帰るから、先生も職員室行きなよ。怒られないよ、きっと」と口々に慰めてくれた。

このやさしさ、受け止めは、教師対児童ではなく、一人の人間対人間の対等の関係を示すものだった。お互いにほっとできる関係がそこにはあった。「教える者」から「教えられる者」へという一方向的なものではなく、彼らによって私も教師にされていくのであった。

この一体感を基盤に、子どもたちと一緒に呼吸をし、共に学んでいきたいと思った。

総合的な学習の時間「かがやけ!命」の研究授業

最初の契約の六か月が過ぎて年度末になると、続けて同じクラスをもう一年もつことになった。

春、四年生の担任としてスタートした。

児童は、クラスのメンバーも担任も変わらない二年目のクラスで、互いの理解も深まり、自分たちの「クラス」を意識し始めていた。クラスの中で自分を意識することで、友達と自分を比べ、コンプレックスを持ち、自分に自信を持てないという子も出てきた。

文科省では、この年齢のことを次のように位置づけている。

「九歳以降の小学校高学年の時期には、幼児期を離れ、物事をある程度対象化して認識することができるようになる。対象との間に距離をおいた分析ができるようになり、知的な活動においてもより分化した追求が可能となる。自分のことも客観的にとらえられるようになるが、一方、発達の個人差も顕著になる（いわゆる「九歳の壁」）。身体も大きく成長し、自己肯定感を持ちはじめる時期であるが、反面、発達の個人差も大きく見られることから、自己に対する肯定的な意識を持てず、劣等感を持ちやすくなる時期でもある。」

（文科省「子どもの発達段階ごとの特徴と重視すべき課題」）

そんな発達段階である四年生に対して、学校は行事として「二分の一成人式」をやる。成人まで半分の時期になった今の自分を表現し、将来の夢を語る式である。

形だけの式にならないためにも、子どもたち一人ひとりが、自分の言葉で語れるためには、自分自身を知る必要があると考えた。生まれてからの一〇年間をたどっていくことができたらと思い、自分の命の誕生から始めたいと考えた。

そこで、「総合的な学習の時間」に「かがやけ！命　～命の尊さ、大切さを実感する～」（一〇時間）を研究授業でやることにした。

「総合的な学習の時間」は、子どもたちが「自ら学び自ら考える力」や「学び方やものの考え方」などを身につけ、よりよく問題を解決する資質や能力などを育むことを狙いとして学習指導要領で定められ、二〇〇二年から実施されていた。

授業は、一〇時間の扱いで以下のように指導計画を立てた。

1　命について（一時間）

命という言葉からうかぶイメージまたは学んでみたいことについてブレーンストーミングをする。

2　命ってどこ？（一時間）

①人型をかいた模造紙を表示する。

②一人ひとりが自分の命はどこにあるかを書き込み、理由を話す。

③命と心のとらえについて確認しあう。

3　生命の歴史（一時間）

①人類が誕生するまでの生命の歴史を絵本『生命の歴史』をもとに読み聞かせする。

②感想を発表しあう。（シェアリング）

4　等身大のぼく、わたし（一時間）

①友達と二人組になり、模造紙に自分の全身図を描く。本人が自分の命を表す色を一色選ぶ。

②その周りに自分の良いところを友達に一言ずつ書いてもらう。友達は相手のイメージの色を選んで、その色で一言を書く。

③友達からの一言を読んで、感想を分かち合う。

5　成功体験「やった〜！と思うこと」（一時間）

①成功体験とは何かを知る。

②教師の子どもの頃の成功体験を聞く。

③一五分間で三〇項目の成功体験を書く。

④書き出した成功体験の項目から、一番自分にとって印象的なもの、やったと思う項目を一つ選ぶ。

⑤その一項目について、五感を使ってそのときの状況を発表する。最初に教師が示す。

⑥成功体験を絵で表現する。

6　おなかの中のわたし（二時間）

①絵本、ビデオを見て胎児の成長の様子を知る。五感を覚醒できるように、アロマオイルをたいたり、羊毛で胎児を作り、触れるようにもした。

（この授業の前に保健の授業で二次性徴（男女の身体の違い）について学習しておく）

②自分の誕生をイメージする。

③イメージして、気づいたことを書く。

④「命」「自分」についての詩を書く。

7　「ぼく」から「ぼくたち」へ（一時間）

（事前に保護者に誕生にまつわるアンケートをお願いし、当日児童に渡す。）

①一人ひとりの今まで学習したものをパネルにして展示し、既習内容を振り返る。
②「手のひらを太陽に」を歌う。
③歌の意味を話し合う。
④気づいたことを発表しあう。（シェアリング）

8　クラスの歌（詩）を作ろう（二時間）

①ブレーンストーミングをする。
②マインドマッピングをする。
③歌（詩）を作る。

子どもたちの居場所となるクラスは、「安心できる場」であることが第一だと私は考えた。そのためにクラスの中で大切にしていたことは、教師も、子どもたち同士でも相手の話は否定せず、最後まで聞くことであった。また、頭だけで言葉だけでガチガチにならないように、授業の初めには「からだほぐし」を行うことにした。すると次第に、子どもたちは自分たちでも「からだほぐし」をするようになっていった。周りの先生からは「宮田先生のクラスは、机や椅子を後ろに下げたり、廊下に出していて、いつも何やってるのかと思って見てたよ」と言われた。

総合的な学習の時間「かがやけ！命」（一〇時間）の中の六、七時間目の授業「おなかの中

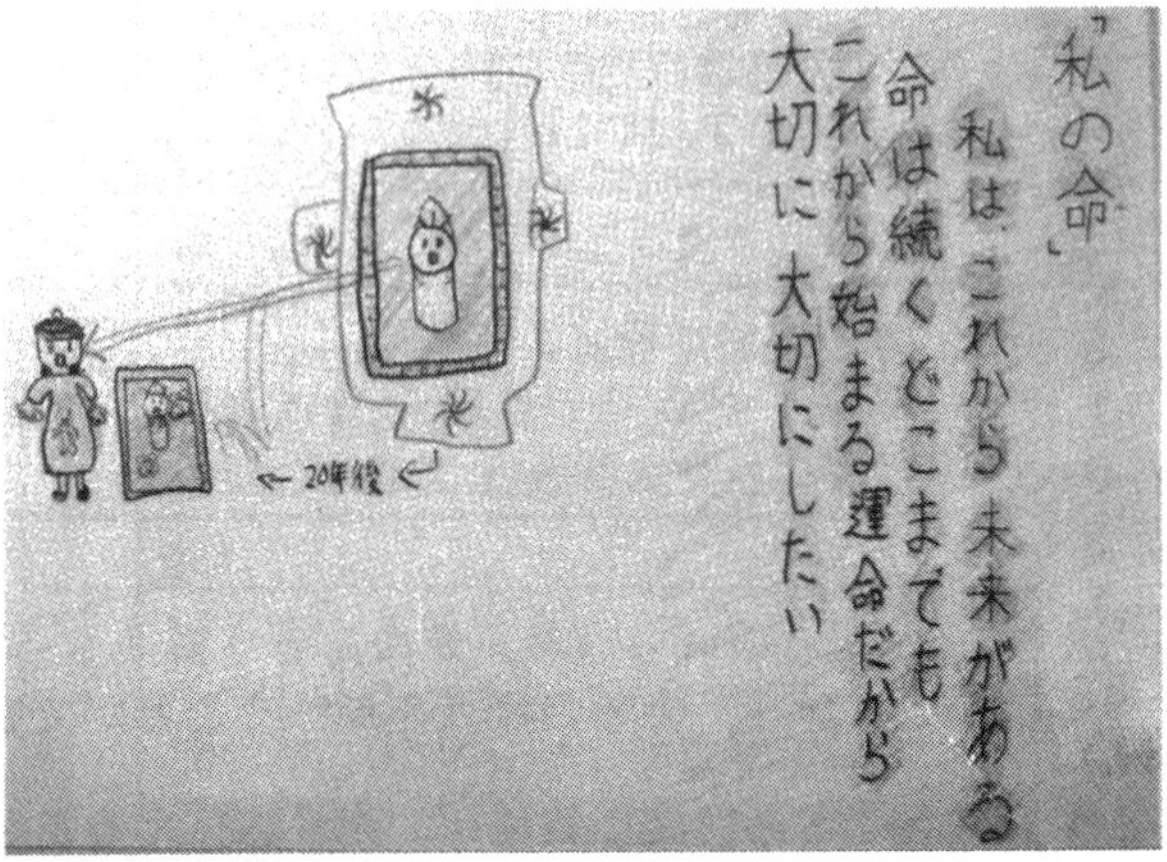

のわたし」の後に子どもたちが作った詩には、一人ひとりの思いがあふれていた。

そのなかから二つの詩を紹介したい。一つ目の詩を書いた子は天邪鬼なところがあり、思っていることと表現に裏腹なところがあって、友達や親との関係が上手くいかず、物事を否定的にとらえる傾向があった。

「私の命」
私は、これから未来がある
命は続くどこまでも
これから始まる運命だから
大切に大切にしたい

二つ目の詩は、喧嘩がたえない男子のものである。いつもイライラしていて、家でも母親とぶつかっていた。

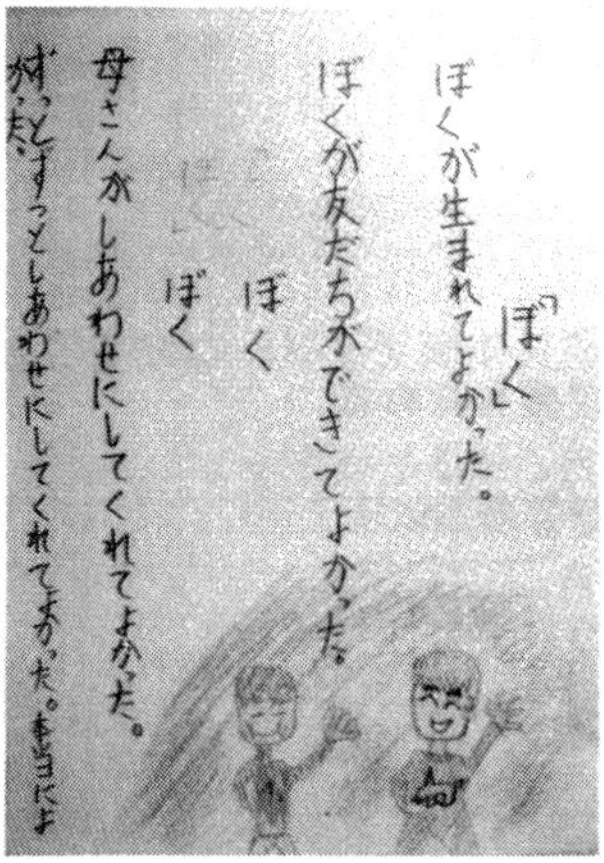

「ぼく」
ぼくが生まれてよかった。
ぼくが友だちができてよかった。
ぼく
ぼく
母さんがしあわせにしてくれてよかった。
ずっとずっとしあわせにしてくれてよかった。
本当によかった。

もう一人、紹介したい男の子がいる。家庭環境が複雑な中で自暴自棄になり、教室を飛び出したり、ベランダに出て「死ぬ」と叫んだり、私の家に「家出して行っていいか」と聞いてきた子であった。その子がこの授業の後、安心して教室にいるようになった。そのことが心から嬉しかった。クラスが、仲間が、安心できる場となったのである。

余談になるが、当時、深刻化するいじめの問題に学校も教育委員会も苦しんでいた。そんな中、この総合の授業に取材が入った。毎日新聞と朝日小学生新聞からであった。記事では、「かがやけ！命」の授業は、なぜか「いじめを考える」授業として紹介された。その新聞を見た子どもたちはこんなことを言っていた。

「先生、僕たちは『いじめの授業』なんてやってないよね。命についてだよね。なんで、わからないんだろうね」

「僕は記者の人に変なこと聞かれたよ。先生は、いつもこんな風に授業しているの？　今日だけ？って。何言ってるんだろうね」

子どもたちは怒っていた。

大人は何を見ているのか、なぜわからないのかと。

自分たちが毎日築き上げてきた大切な場、クラスを汚さないでくれ、と怒っていた。その場を共に生きるのではなく、欲しい情報だけを見に来る、自分が見たいものだけを見る大人にあきれている、そんな子どもたちが頼もしかった。

「学校変わるのはいいけど、先生はやめないでね」

三・四年と一年半のあいだ担任したクラスだったが、契約更新した臨時的任用教員の期間が終わり、お別れすることになった。四年生の最後の日は、子どもたちも私も大泣きだった。

そんなとき、一人の女の子が泣きながら言った。「先生、学校変わるのはいいけど、先生はやめないでね」

驚いてしまった。教師をやめるかどうかなんて、一度も子どもたちに話したことなどないのに、子どもたちは何を感じたのだろうか。

実は、あと一年、臨時的任用教員をやった後、教師を続けるかどうかを決めようと思っていたのだ。誰にも話していないことが、子どもには見えていたのか。改めて、子どもの力を見せられた。

そして、一年半という短いあいだの関係だったが、その中で育っていたものは大きかったということを、ずいぶん後で知ることになった。その当時受け持っていた子どもから、突然手紙がきたのである。一三年間、彼女とは一度も連絡を取っていなかったのにである。

「宮田貴子先生
いきなりのお手紙で驚かせてしまったらごめんなさい。

私は、平成十七年から一年半ほど△△小学校三年一組、四年一組で宮田先生にお世話になった○○です。もう一三年も前のことになるので、もしかしたら先生の記憶にはあまりのこっていないかもしれませんが、昨夜、夢の中に先生が出てきて懐かしくなり、アルバムを開いて当時のことを思い出しながら筆を走らせています。

お元気ですか？　まだ教員として生徒の前に立っていますか？

夢の中で先生は水族館のイルカショーのトレーナーをしていました。（笑）なぜいきなりそんな夢を見たのかわかりませんが、朝起きてぼんやりと小学生の頃や先生のことを思い出し胸がじんわりと熱くなりました。当時産休をとることになった◇◇先生の代任で三年一組に新しく入ることになった宮田先生。そんな先生に、私は、「◇◇先生が良かったのに」と言ってしまいました。

だけど、覚えています。私は本当は◇◇先生のことが好きではありませんでした。ただ、新しく入ってきた先生との仲良くなり方が分からず天邪鬼な態度をとってしまったのです。

本当は宮田先生と仲良くしたかったんです。（笑）

本当に子供ですよね。だけど、そんな私にも先生は真っ直ぐに向き合ってくださいました。命の授業や一／二成人式を覚えています。友達とうまくいかず、先生に呼び出され、二階の相談室に向かう前の緊張も……よく覚えています。四年生の終わりに、宮田先生が転任を発表した時の、先生の泣きそうな表情を見て私も涙があふれたのを覚えています。放課後、先生と話をしながらわんわん泣いていました。

先生は覚えているでしょうか？

当時は幼く、生意気だった私たちも、今年で二十四歳になります。（中略）都内の私立幼稚園に勤めて三年目になりました。小学校の時、大好きだった、手芸や歌、絵を書くこと、今も変わらず好きで、仕事に活かすことができています。高校で演劇の楽しさに出会い仕事をしながらもミュージカルに出演したり、描いたイラストを商品化して、イベントで売ったりと楽しい生活をしています。今年はまた年長さん（五、六歳児）の担任になり三六人

の子供たちの先生です。私も先生と呼ばれる立場になってしまいました。（笑）（中略）
先生は△△小を離れてから何人の教え子ができたのでしょうか。確か娘さんは私たちと同じくらいだったように思います。お元気ですか？
あの頃新人だった宮田先生がきっと今は上の立場になっているのかな？　それとも別の道に行ったのかな？と想像するとなんだかわくわく面白いですね。変わらず元気でやっていてくれたらいいなと思います。
勢いでつらつらと書いてしまいましたが、夢の中に先生が出てきてくれたのも何かの縁かなと思います。大好きだった先生のことを、また思い出すことができてよかったです。先生は小学校生活の中で一番仲良しになれた先生です。今でも印象に残っています。先生の記憶に△△小の三年一組、四年一組のことが少しでも残っていてくれたら嬉しいです。私のことも少しは思い出してください。（笑）（中略）
いきなりの手紙失礼しました。最後になりますが、小学校の頃大好きだった先生、転任で涙が出るほど好きだった宮田貴子先生にこうして手紙を送ることができてとてもうれしいと思います。先生のご健康とご多幸をお祈りします。
p. s. おまけに先生からもらったお手紙（二〇〇七年三月二十二日）と私の今の写真をつけておきます。思い出してね。」

驚いた。その子のことはよく覚えていた。強烈な一言からの出会いであった。「◇◇先生の方がよかったのに」と言われ、「先生、太っているから『みやぶー』ね」と言われた。

ただ当時の私は、彼女と◇◇先生がうまく関係をとれずにいたこと、新しく来た先生である私との関係に期待し、前に進み出てきてくれた行動だったということは理解していなかった。

この手紙を受け取った後、彼女に私の住所を教えてくれたもう一人の教え子（彼女は、担任になった年から毎年欠かさず年賀状を送ってきてくれていた）を通して、教え子三人と一緒に食事をし、お酒を飲んだ。

楽しかった。

九歳のときに出会った子どもたちが、二十四歳になり、今でも当時の授業や自分にかけられた言葉を覚えていることに驚いた。教育の影響の大きさを感じた。

出会ってから一五年たっても、関係を深め、人生を共有できる教師という仕事。

感謝の気持ちでいっぱいになった。

最近は、教師の仕事のブラックな面ばかりが強調される。

しかし、日々子どもたちの声を聴き、声を掛け合いながら創り出していく授業の楽しさや、子どもたちの生きることへの純粋な喜びの姿が見えることのほうが、どれだけ大きいのか。

2

教師の道へ

――遠回りからの新たなスタート

竹内先生に背中を押されて

最初の学校での一年半のあと、別の学校で一年間、臨時的任用教員として働き、合計二年半の経験を得て、正式に教員採用試験を受けようと心が定まった。

四十七歳になった私は、職員室でも「ＮＯ」が言えるようになっていた。お互いに自分が感じたことを言いあえる学校、大人も子どもも深呼吸ができ、自分で選ぶことができる学校、やりたいことをやる自由だけではなく、やりたくないことをやらない自由もある学校を、子どもたちとともに作っていきたいと思い、厳しい道に跳び込むことにした。

「厳しい道」とは、宮城教育大学で学長だった林竹二先生の奥様に言われた言葉である。一九八五年春に林先生が亡くなってすぐ、竹内敏晴先生に連れられて、林先生の奥様と一緒にお墓参りに行った。宮教の卒業生であることを告げると、奥様は私を見て「あなたは、これから厳しい道をいかれるんですね」と言われた。まっすぐにこちらを見る奥様の目を、じっと見つめ返すことしかできなかった。

二四年たって、やっとその道に進むことを決めることができた。随分と時間がかかってしまった。しかし、ここからスタートするしかない。

当時、年齢制限をいち早くなくしていた横浜市の試験を受けることにした。臨時的任用教員の経験が考慮され、特別選考枠で受験できた。選考は一般教養・教職専門試験ではなく、指導案、集団討議、実技（ピアノ・歌唱・水泳）・面接であった。

無事合格し、教師として歩むことになった。

恩師の竹内敏晴先生と再会したのも、この年の夏であった。

教師になって五ヶ月、先生の笑い声が聞きたくて、恩師に会いに行った。

インターネットで「オープンレッスン」の開催を知り、チケットを手に入れた。二〇〇九年八月二十九日、東京・三鷹の武蔵野芸術劇場で開催された「からだ２００９オープンレッスン八月の祝祭」である。

「オープンレッスン」とは「竹内レッスン」参加者有志がともに、創作劇・構成劇の上演などを行う公開の発表会である。

この日の最後に、先生は、大学時代に私の一つ先輩だった方に車いすを押され登壇した。普段はマイクを使わずに話すのに、その日はマイクを通して、自分ががんであることを告げた。

病気を知らなかった私は、先生の姿にショックを受けた。

舞台の後、運よく、劇場のロビーで直接二人で話すことができた。最後に言われた言葉は「貴ちゃん、若いなー」。そして、「じゃあな」と敬礼のポーズをとられた。

その九日後に先生は旅立っていかれた。

「貴ちゃん、若いなー」と言われて、「まだまだ、ここからだよ」と背中をたたかれたように感じたと同時に、突然の別れに動揺した。先生の言葉と姿勢から受け取ったバトンを落とさずに持っているだけで精いっぱいだった。

初任として経験した「学校」

小学校に赴任して、初任として受け持つことになったのは、二年生の担任であった。後で聞いたところによると、前年、彼らが一年生のときに一つのクラスが学級崩壊し、学級崩壊の中心メンバー三人を三つのクラスに分けたとのことであった。私のクラスには、その中の一人Aさんがいた。Aさんは、去年は教室にいることが難しく、職員室にきて、職員室の先生方の机の上を走って逃げたというなかなかの人物であった。見た目はからだも小さく、どこにそんなエネルギーがあるのかと思ったが、付き合っていくうちに、自己肯定感が低く、自分の気持ちをうまく言葉にできず、暴力や攻撃的な言葉をぶつける姿が見えてきた。そんなふうに急変貌するAさんの姿に、おびえる子どもたちもいた。

何ができるだろうかと考え、クラスで起きている問題をみんなが客観的に見られるように、道徳の授業でパペットを使った「森の中の相談室」を始めた。森の中で起きている問題を、ハリネズミの「ハリー」がクラスのみんなに話しにくる。みんなはその問題をどう解決したらいいか考え、ハリーに助言をする――というものだった。

余談だが、パペットをハリネズミにしたのは「ハリネズミのジレンマ」が頭に浮かんだからである。「ハリネズミのジレンマ」とは人間関係について使われる言葉で、「お互いを傷つけてしまうため、近づきたくても近づけない心理状態」のことをいう。

面白かったのは、子どもたちが「ハリー」に対して、とてもやさしく語りかけることである。友達に対してもそういうふうに話したらいいのになと思うのだが、そこはなかなか難しい。特にAさんは、いつもは友達の言葉についむきになって強い口調で話してしまうことで喧嘩になるのだが、「ハリー」には本当に根気強く優しく語りかけるのである。授業の中でそんなAさんの姿をみた子どもたちは、Aさんに対する態度が変わっていった。「ホント、Aさんはしょうがないよ」と言っていた子どもも「Aさんならできるよ」と応援するようになっていった。

この学年は、三十代後半の男性の学年主任の先生と、二十代後半の女性の先生との三人で、学年を組むことになった。学年主任の先生が、初任育成担当として、私の授業の指導をしてくださった。毎週、私が主任のクラスの授業を参観し、次の日に自分のクラスで授業をして、放課後は振り返り――その繰り返しだ。一年間ほぼ毎週行われた授業指導だった。

初任として学ぶことは授業の仕方だけでなくたくさんあるが、授業について集中して指導していただけたことは大きな恵みであった。そして、毎週の学年研は楽しみな時間だった。学年研とは、毎週一回、行事や授業の確認、児童の指導支援について、学年全体で話し合う時間である。どの担任も、わが子自慢をするように、それぞれのクラスの子どものことを話して共有化し、互いに困っていることに関しては何ができるか相談しあった。

そして、それを一六時四五分の終業時間までに終えていた。学年主任により、話し合う内容もプリントされており、それをみれば、仕事の優先順位もわかるようになっていた。

チームで働ける楽しさが味わえた一年目であった。Aさんがクラスのみんなに自分の姿を認められて安心していったように、私自身もこの学年研の中で安心して自分を出していくことができた。

さらに驚いたのは、この学年の先生方は、みなクリスチャンであったことだ。お互いの信仰を通して助け合うこともできた。共通の言葉、聖句や祈りを通して励ましあうことができたことは、私にとっては大きな支えであった。

教員一年目に学校の中で安心できる自分の居場所があったことで、子どもたちとの関係も守られたと思う。

二年目、突然一年生の担任に

三月、終業式が終わった放課後の職員会議のとき、校長先生が、来年度の一年生担任のみを発表するといわれた。「学年主任は○○先生、あとは△△先生と宮田先生です」。

「へぇー、新しく同じ苗字の宮田先生という方がいらっしゃるんだ」と思って聞いていたら、みんながこちらを見る。「えっ！　宮田って、私？　聞いてない」。

ザワザワする中で聞こえてきたのは、「さっき決まったみたい。誰か断ったんじゃない」。

校長のところに行くと「よろしくね」とそれだけ……。

それからが大変だった。入学式の準備に向けてバタバタである。入学式を楽しみにしながら、ドキドキしている一年生と全く同じ気持ちで、当日を迎えた。

入学式には、子どもたちだけではない。保護者もいる。それも、初めてわが子を入学させる保護者は、子ども同様に緊張している。入学式当日は、渡すものも多いし、説明することもたくさんある。

説明する方の教師が初めてで、いっぱいいっぱいだから、聞く方は大変だったと思う。

とうとう一人のお母さんが「まったくわかりません」と言い出した。すると、別のベテランお母さんが、「先生、大丈夫ですよ。わかりますよ」とまず私を励ましてくれ、次に新人お母さんに説明を始めた。そんな初日から始まり、毎日が驚きの連続であった。

子どもたちが「自分事」としてすることが大切、と言われた生活科の授業では、一人一匹ずつザリガニを飼って観察した。釣りに行くところから、日々のお世話まで、三〇匹のザリガニは、一年間、多くの課題を提示してくれた。死に関しても、子どもたちと一緒に臭いと戦いながらも取り組んだ。その年は、さすがに好物のエビが食べられなかった。

また、幼稚園児を招待しての秋祭りでは、ほかのクラスは拾ってきたドングリなどでアクセサリー作りなどをする中、私たちのクラスのメインは「おちばへジャンプ！」。格闘技のリングのように四角い枠組みを作り、マットレスを敷いて、そこに大量の落ち葉をまいた。目標はふかふかのお布団。飛び込んだときにそう感じることが大切だと、子どもたちは口々に言っていた。

子どもたちは、自分たちが公園で「秋を探そう」（小学校一年生の生活科の授業）をしたときに、一番楽しかったのは、落ち葉の中にねっころんだり、落ち葉をかけ合ったりしたことだという。それを幼稚園の子どもたちにも味わってほしいという意見が出たのだ。公園中の落ち葉をかき集めて、袋に入れ、みんなで学校まで運んだ。何度も自分たちで飛び込んでは、マットを足し、落ち葉を足した。掃除も大変だったが、幼稚園の子どもたちからは好評だった。「おちばへジャンプ！」は大成功だった。

個別支援学級で子どもたちと向き合う

正規教員になって三年目が終わる春休み、夫と宮崎に旅行に行っていたときのことだ。突然校長から電話があり「四月から二年生の担任と言っていたが、個別支援学級の担任になってほしい」と言われた。

横浜市では、すべての市立小・中学校に個別支援学級がある。個別支援学級は、一人ひとりのお子さんの障害の状態に合わせた学習をするための少人数の学級であり、一人ひとりに「個別の教育支援計画」と「個別指導計画」を作って、それをもとに授業を組み立てていく。

文科省ではこの二つの「計画」を次のように説明している。


「平成十五年度から実施された障害者基本計画においては、教育、医療、福祉、労働などの関係機関が連携・協力を図り、障害のある児童の生涯にわたる継続的な支援体制を整え、それぞれの年代における児童の望ましい成長を促すため、個別の支援計画を作成することが示された。この個別の支援計画のうち、幼児児童生徒に対して、教育機関が中心となって作成するものを個別の教育支援計画という。

個別の指導計画は個々の児童の実態に応じて適切な指導を行うために学校で作成されるものである。個別の指導計画は教育課程を具体化し、障害のある児童など一人一人の指導目標、指導内容及び指導方法を明確にして、きめこまやかに指導するために作成するものである。」

（学習指導要領解説「総則編」）


私はこの学級で、情緒障害の児童一名と知的障害の児童二名を受け持つこととなった。また、校内における特別支援教育システムを作り、運用することを任されることにもなった。

一クラス四〇名弱を受け持っていたクラス担任から、個別支援学級では三名の児童を受け持つことになり、一人ひとりの児童とじっくり向き合う時間を持つことができるようになった。

また、一人ひとりの児童の実態に合わせての授業を考えることは、一般級では制限がありできないこともある程度自由にすることができ、本当に楽しかった。「みんなでポップコーンをつくろう」というテーマでは、ポップコーンになるトウモロコシの種を買いに行き、育てるところから自分たちでやる。トウモロコシの生長の記録を取りながら、その記録から算数の比例の学習につなげたり、お話にして国語につなげたりするなど、子どもたちと拡げていく学びは毎日発見の連続だった。個々の子どもたちの可能性、魅力に圧倒された。職員室に戻ると、うれしすぎて「今日、こんなことがあったんですよ」と子どもたちのことを報告していた。

もちろん、個性的な彼らは少人数であっても、ぶつかったときは大変だった。各自、全身で叫び、教室から飛び出していく子もいるし、服を全部脱いでしまう子もいた。

毎日がお互いに全力だった。

ここで自閉症の一人の児童との関係を紹介したい。

時間割の変更など変化が苦手で、また、勝ち負けがあるもので失敗したときには、なかなかそこから抜け出すことが難しく、パニックを起こしてしまうことがあった。

そうならないために、事前に予告したり、絵をかいて視覚的に説明したりしていた。

例えば運動会の徒競走の練習でも、「一生懸命走っても一位になれないことはあります。大切なのは、最後まで走ることです」と伝えたりしていた。時々癇癪をおこしながらも、彼はみんなと一緒に参加し、最後まで走っていた。

ある年、彼が運動会の徒競走で三位になったことがあった。喜んでぴょんぴょんと飛び跳ねている彼を見て、「よかったな」と思っていた。その彼が、運動会が終わり、帰るときに、私のところに来て言った言葉に愕然とした。耳を疑った。「先生、三位になってよかった。これで、やっとみんなのためになった」と言ったのである。当時、運動会の各競技で一位から三位までは、点数がチームに加算される仕組みだった。しかし、四位以下は点数は入らない。彼がこだわっていたのは、自分の勝ち負けではなくチームへ貢献だったんだということを知ったとき、改めて「学校って、必要だよな」と思った。

その後、彼はパニックになることが減り、個別支援学級から一般級に転籍していった。私立中学を受験し、現在は大学三年生で、鉄道をこよなく愛し、友達たちと日本全国の電車に乗りに出かけている。その様子が毎年年賀状で届く。

また、一般級に在籍する児童の中でも、個別の支援が必要な、教室にいることのできない児童や教室を飛び出してしまう児童を空き時間に見ることになった。ここでの経験が、次の章で紹介する特別支援教室「たんぽぽ」の基になった。

特別支援教育プロジェクトのスタート

「特別支援教育システム」についても、詳しく書いておきたい。

個別支援学級の担任になった年、校長先生に呼ばれていくと、突然「特別支援教育プロジェクト（〇〇小ユニバーサルデザインプロジェクト）」をすることにしたからと、書類を見せられた。そこには、校内で「ユニバーサルデザインシステム」づくりを通して、子ども一人ひとりの「自分づくり」の学びと育ちの可能性を拓くプロジェクトを設立する、と書かれていた。そのプロジェクトリーダーを任されたのだ。

具体的には、アートセラピーやミュージックセラピー、ボディワーク等の手法を取り入れ、学習環境（学びの環境づくり）、指導法の工夫・改善をし、自立活動を通して、児童一人ひとりの「資質・能力」を支え、育てることを目指す、と書かれていた。

「自立活動」とは、特別支援学校、特別支援学級、通級による指導（通常の学級に通いながらの特性に合わせた指導）の場において、特別に設けられた指導領域である。特別支援学校学習指導要領では、次のように定められている。

「自立活動は個々の児童または生徒が自立を目指し、障害による学習上又は生活上の困難を主体的に改善克服するために必要な知識・技能・態度及び習慣を養い、もって心身の調和的発達の基盤を培う。」

校長が作成する「学校経営計画」の一つとして、突然天から降ってきたプロジェクトである。演劇教育に携っていた校長は、竹内敏晴先生のことを知っており、「君はそこで学んできたんだから、できるよね」と言われた。書類には方針だけが書かれており、具体的なことは、担当となった私にある意味すべてゆだねられ、一からスタートしないといけなかった。

他の教員にわかるように全体図を描き、職員研修で説明して共有化を図った。また教具は、学力の優劣や発達障害の有無にかかわらず、すべての子どもが、楽しく「わかる・できる」ように工夫し、必要な児童が使えるようにした。

このプロジェクトでは試行錯誤しながらさまざまなことに取り組んだが、そのなかで、今後日本の学校でも取り入れてほしいと思うのは、アートセラピーとボディワークである。

「アートセラピー」はアートセラピストの戸村ゆりこさんにお願いし、週一回四名の児童に行ってもらった。第Ⅰ期（六回）、第Ⅱ期（三回）、合計九回のセラピーを行った。一対一で行われ、一回のセッションは四五分である。

戸村さんは、ロンドンの公立小学校でアートセラピストをして実践していた方である。当時は帰国したばかりで、日本での教育現場でのアートセラピーを模索していた。医療・福祉関係での仕事は決まっていたが、できたら教育現場でやりたいというお話を伺っていたので、実験的にわが校でお願いできないか話してみたところ、ボランティアというかたちで快く引き受けてくださった。

アートセラピー

アートセラピーに関しては、当時資料としたものをここに掲載する。

A　アートセラピーとは

クライアントがセラピストとの信頼関係のもとアートの画材を用いて創作活動に取り組み、心の内を視覚的に表現するセラピーです。作品は、上手下手では評価されず言葉ではない個人的な声明が外在化したものとされます。心に抱えている問題を解放させ表現することで解決につながることもあり、心身のバランスを保つための心理療法の一つです。

B　アートセラピストとは

1　創作活動のために安全性を熟慮した環境、材料、時間を提供する。創作中のクライアントと関わることにより、アートを通して表現された感情、クライアントの変化などから個々のニーズを観察することが可能である。

2　セラピストは医師とは異なり治療は行わないが、クライアントに寄り添いサポートする役割を担う。

3　クライアントの状況を理解し、個々の必要を見極め、保護者、学校と連携して児童のサポートに当たる。

4　セラピストには守秘義務があり、生命の危険、または犯罪に関与する内容は、学校責任者などに伝える義務がある。児童の保護者や学校と連携は大変重要であり積極的な協力を心がける。

C　アートセラピーの目的と効果

1　創作活動を通してありのままの自分を感じ言葉にしにくい感情や自分を表現することが期待でき、言語によるコミュニケーションが苦手な児童にも適している。

2　創作活動を通じて児童自身が内的世界を外的に見ることができる。

D　フリーアートプログラム

1　ユニバーサルデザインプロジェクトの一環としての試み、「フリーアート」をご両親に紹介、実践希望の確認。（二〇～三〇分を目安に行う）

2　児童に「フリーアート」の紹介、また、一回試してみたいか、実践希望の確認。

3　「フリーアート」継続意志があれば六回目（中間アセスメントの日程を伝える）に「フリーアート」をしての振り返りをすることを伝える。

4　フリーアート担当者（戸村）と担任、関係者の方々と今後の対応を相談し、最終的な継続期間を決める。

5　七回目、できれば児童に「フリーアート」最終日を伝える。（最終日を伝えることにより、「フリーアート」で表現していた感情などを一度整理するきっかけになる。また、最終日（エンディング）への心の準備が出来うる。）

6　エンディングを視覚的に理解するため、「フリーアート」の残り日数をカレンダーなどにする。（児童が作成）

目安として、最終日から数えて一〇〜八回目、エンディングに向けて児童がどのように終わりたいか聞く。

（例）最終回にすべての作品を一度に見る

7　最終日「エンディング」

担当者（戸村）とのフリーアートが終了することをはっきり伝える。

作品の保管（持ち帰り）について伝える。また、今後の対応を伝える。

（新年度のフリーアートの再実践などが学校との相談で決まっていれば、そのことも児童に伝える）


アートセラピー後の児童の変化は以下のとおりである。

1　A児（個別支援学級在籍）

自分の気持ちを友達にうまく言葉で伝えることができず、物を投げてしまったり教室を出て行ってしまうことがある。テストで百点を取れないと破ってしまっていた。また白黒の電車の絵かビルの絵ばかりを描く。

アートセラピーを受けてから、気持ちをコントロールすることが前よりできるようになり、テストでわからないときも破るのではなく、言葉で伝えたり、とばして次の問題を解けるようになった。また電車の絵が白黒ではなく、とてもカラフルな絵へと変化が見られた。

2　B児（個別支援学級在籍）

自分の気持ちを押し殺してしまう傾向があり、自己解放が難しい児童である。アートセラピーを受けてから、とてもよく話すようになった。自分の思いや内面を打ち明けるようになり、授業中も手を挙げて話すようになった。

3　C児（一般級在籍）

感情をコントロールすることができず、友達とのトラブルが絶えない。また切り替えが苦手で、休み時間が終わり、授業が始まっても、好きな本を読んでいる。教師の指導が伝わらない児童であった。また母子関係が上手くいっていなかった。

アートセラピーは本人のたっての希望であった。セラピーの時間を楽しみにしており、毎回熱心に取り組んでいた。セラピー後は、教師からの指示もよく伝わるようになった。友達とのトラブルも減ってきた。

4　D児（一般級在籍）

両親の関係が悪く、それにより感情を平安に保つことが難しくなってきていた。教室内でのトラブルも多かった。人の目を気にし、アートセラピーを行う教室（個別支援学級プレールーム）に入ることも難しかった。

アートセラピーを通して、現在は自ら、喜んで参加している。またセラピー中に個別支援学級の児童が入ってきても、優しく対応し待っていてくれることができるようになった。

この成果を、教育委員会の指導主事も交えて報告したが、「効果は認めるが、限られた児童に予算をかけることは公教育としては、今は認められない」ということで、この回だけで終わってしまった。しかし、アートセラピーを受けられた児童にとっては大きな成果が得られた結果になった。

ボディワーク

「ボディワーク」は、私が担当した。

子どもたちは、ことばでうまく表現ができなくても、からだで多くのことを語っている。その子どもたちは、子どもたちのからだに直接働きかけることにより、じかにコミュニケーションをとることができる。子どもたちはありのままを受け入れられることにより、安心して自分を表現していくことができる。子どもが安心した状態の中で、自己表現ができる場を確保したいと思った。

その子の状態を見て、プログラムは柔軟に変更するが、基本は以下のように行った。

〈**プログラム**〉

- からだほぐし（野口体操から）

・背中で対話
二人一組で行う。お互いに背中を向けて座る。背中と背中をくっつけて、言葉ではなく、背中で話す。背中で感じたままに、相手に背中で気持ちを伝えあう。
・手と手を合わせて
二人一組で行う。向かい合って立ち、手のひらと手のひらを合わせる。お互いの手から感じたままに好きなように手を動かす。
・ミラーリング
集団で円の形を作り、真ん中に一人立つ。真ん中に立った人は好きな動きをし、周りの人は鏡となり、同じ動きをする。真ん中に立っている人がこれでよいと思ったら、周りに立っている人の誰かを選び交代する。次に出てきた人の動きを、またみんなで真似する。
・信頼の壁
五、六人で輪を作り、一人が真ん中に立つ。真ん中に立った人は目をつぶり、まっすぐ、ひざを折らずに、後ろ向きに倒れる。周りの人は受け止める。
・ブラインドウォーク
二人一組で行う。一人が目をつぶり、もう一人が手をつないで歩く。目が見える案内役が、危険な場所では言葉で周りの状況を伝える。例えば、「今から階段を下ります」とか。ただし、外に出るとか、何かを触らせるときは、これはなにかとかは説明しない。

個別で一対一で行ったり、クラス全体で行うときもあった。

印象的だったうちの一人に、なかなか力を抜けない子どもがいた。床に寝ても、背中が反って、床と背中の間に手がスポッと入ってしまう子だった。「からだほぐし」をするうちに、少しずつ力が抜けてきて、いい感じだなと思うと、またすぐ力を入れる。そんな繰り返しであった。「小さいとき、バスタオルの上に寝て、両端をお父さんとお母さんが持ってハンモックのようにして揺らしてもらったり、お父さんの足の裏にのっかって、自分が飛行機のようになり、『高い高い』してもらったりしたことない？」と聞くと、「そんなことはやったことがない」という。彼とは、二、三歳のときに体験するようなからだを使った遊びをいろいろやった。そのうち、やりながら、笑い声がでるようになった。

後で話を聞くと、「力が抜けて、からだがゆるむのは、だらしないことで、だめなことなんだ」と思っていたという。

その子どもと保護者との関係がからだにあらわれていたのだ。

からだが緩んでいったとき、その子は徐々に家での様子を話すようになった。その言葉から、保護者との関係に問題があることがわかり、児童相談所に報告することになった。子どもたちがからだで語っている言葉に直接触れていくことは怖さもあるが、そこからしか進めない自分もいる。

3

僕たちの「サードプレイス」

――「たんぽぽ」の誕生と四年間の試み

「たんぽぽ」の名前が決まるまで

横浜市では、二〇一〇（平成二十二）年度より、市内の各小学校に、組織的な児童指導体制の充実を目的とした「児童支援専任教諭」を順次配置していくことになった。当時、私の勤務していた小学校では、二〇一四（平成二十六）年度より、児童支援専任教諭を置くこととなった。

その児童支援専任教諭を、教員五年目の私が、やることとなった。

児童支援専任教諭の最大の特徴は、通常は週二八時間ほどある授業担当のコマ数を一二時間以内に減らし、その空いた時間で、いじめや不登校などの諸問題の解決に「専任」できることである。

私は、一二時間のコマ数の一部で、「特別支援教室」での授業を担当することにした。

横浜市では、特別支援教室を「集団では学習に参加することが難しい児童生徒が、一時的に在籍学級（一般学級・個別支援学級）を離れて、落ち着いた環境で学習するためのスペース」と位置付けて、各小・中・義務教育学校に設置している。

そのころ、勤務先の校内では、学校に来ても教室に入れず保健室にいる子どもや、教室でうまくいかず飛び出してきてしまう子どもがいた。

毎朝、昇降口で母親と離れられずに格闘し、「帰りたい」と泣き叫び崩れる子。

授業中、教室を飛び出し、校庭の木々の隙間にからだをうずめ、「ここが一番おちつくんだ」という子。

友達と遊びたいし、会いたいけど、「あの教室には入れない」と、からだをぎゅっと固めて動けない子。

学校っていったい何なんだ。

弾むからだ、響きあう声、わかる楽しさは、どこにいったのか。

しかし、そんな彼らのからだを前にたたずみながらも、自分のからだが緩んで、ともに息ができたときには、声がもれ、笑いへとつながっていった。そのときの光に背中を押され、特別支援教室を始めることにした。私の中では、アメリカのコロラド州に留学したときに見学した小学校での「カウンセリングルーム」をイメージしていた。

「カウンセリングルーム」は学校の教室というより、どこかのお家のリビングルームのような場所だった。ソファとテーブルがおかれ、子どもたちが自由に座って本を読み、話をしていた。ゲームをしている子もいて、笑顔があふれていた。絵が飾られていたり、お花が飾られていたり、一言でいうと「明るい」と思った。その部屋には受付の女性がいて、子どもたちを暖かく見守っていた。奥にはカウンセリングルームがあり、カウンセラーが仕事をしていた。

私は一からスタートできる楽しさにワクワクしていた。

まずは、どこの教室ではじめたらよいか考えた。

彼らが安心してほっとできる場所をと思い、登校したときに一番入りやすい教室、昇降口から一番近い教室を特別支援教室にしてほしいと提案した。運よく、その年は一年生の入学者数が減り、クラスが一つ減ったことで、その教室を確保することができた。

次に名前である。

陽だまりのように暖かで、心もからだも落ち着ける場所になるとよいなと思い、教室名を「ひだまり」にしたいと管理職に提案したが、「たまり場」を連想されるといわれ却下された。現在は、校内にも子どもたちの「居場所づくり」を行うという考え方が生まれてきた（令和五年三月策定「誰一人取り残さない学びの保障に向けた不登校対策（COCOLOプラン）」）が、当時は、クラスに在籍して、教室に毎日行けることが「よいこと」という考えが根底にあり、子どもたちが楽な場所に流れる、集まることは「悪いこと」という考えがあった。

当時は、職員会議で「ほかの子だっていやなことがあったって頑張っているのに、特別支援教室にいってもいいというのは、甘やかしではないか」という意見が堂々と言われていた。現在はそのようなことを表立って発言する教員はいないが、内心思っている教員は今もいるのは事実である。

「子どもが我慢するところが学校なのか。我慢することを強いることが教育なのか」と思いつつ、特別支援教室をスタートしたのを覚えている。いま現在、教室に入れなくて苦しんでいる子どもたちの心とからだはどうするのか。教室という「箱」に入れることが解決なのか。頭

写真１

写真２

の中に、いくつもの疑問が浮かびながらも、目の前の子どもたちに集中することにした。

　そんなとき、絵本『たんぽぽのこと』（竹内敏晴・長谷川集平）を読んだ。初めて友達と話したうれしさの中、主人公が帰り道、今まで気づかなかった場所で一面に咲くたんぽぽの花を見つける。その発見の喜び、ほかの人に伝えたいという思いが、絵本から伝わってきた。

　そうだ。この教室にくる子どもたちにも、生命力が強く、根を深く張り、綿毛のように新たな地に自由に飛んでいく「たんぽぽ」のようになってほしいなと思った。

　二〇一三年四月、特別支援教室を「たんぽぽ」と名付け、スタートした。**（写真１・２）**

一年目——段ボールハウスとベッドのある教室

校内でも初の試みである特別支援教室「たんぽぽ」を、どのように運営していくのか。子どもたちにとってどのような場所が求められているのか。スタートは手探りの状態だった。保護者に知ってもらうために学校説明会や学年懇談会の時間をもらい、この教室の意義と具体的な使用方法などを説明した。また、お便りを発行し、全校児童に配布した。

写真3

環境面においては、「個別に落ち着いて学習できるスペース」と、「数名で学習できる場所」、そして「フリースペース」を作った。くつろげる場所としてソファを置きたがったが予算が下りず、引っ越しをする先生からベッドを寄付していただき、ソファ代わりとした。

また、利用の仕方に関しては、各担任にカードを三枚ずつ配布し（**写真3**）、児童が「たんぽぽ」を利用するときは、先生からカードをもらい、「たんぽぽ」で学習する課題をもって来ることとした。担任の先生には、教室が使用可能か電話で事前に確認してから、児童を送りだしてくれるようにお願いした。

「たんぽぽ」の運営は、児童支援専任（宮田）が中心となり、週一日は非常勤の先生が取り出し授業をしてくださり、週三日は四名の支援員の先生のうちどなたかが午前中のみ在室し、週一日は学生の方に数時間お手伝いしてもらうことにした。

一年目に「たんぽぽ」を利用した児童は二一名（一年生四名、二年生二名、三年生六名、四年生三名、六年生六名）で、そのうち年間三〇日以上利用した児童は五名であった。一番多い児童は年間一〇九日であった。その子自身の特性（感覚過敏など）や、クラスやクラブなどでの人間関係（いじめ問題も含む）などで教室に入れず、利用する児童が多かった。

利用する中で、子どもたちはどんどんアイデアを出してきた。その中の一つが、段ボールで作った部屋である。それまでは、「個別に落ち着いて学習できるスペース」と言っても、ただパーティションを置いて仕切ってあっただけであった。子どもたちは、パーティションで仕切っただけの個別ブースでは、音や人の気配が気になり、決して落ち着く場所じゃないといい、自分が一人になりたいときに入れる場所「段ボールハウス」を作り始めた。

段ボールハウスができるまで

中心になって作り始めたのは、一年生一名、二年生一名、六年生二名だった。

「段ボールどうする?」という話し合いから始まり、まずは学校の技術員さんにいらない段ボールを分けてもらい、足りない分は自分たちで家から持ってくることになった。

普段あまり関わりのない技術員さんにお願いしに行くのも、最初はすったもんだしていたが、どんなふうに言うか自分たちで役割をきめてやっていた。

次に、設計図の話し合いでもなかなか意見がまとまらなかったが、二年生の児童が家からおもちゃの電球を持ってきて、これを真ん中につけてそこから家の構図を考えることになった。

作っていく中で、段ボールが足りなくなった。どうするのかとみていると、自分たちで話し合いながら、屋根の部分はA４サイズの薄い紙を貼り合わせて製作していた。

いつ、だれが使うかということについても、自分たちでルールを決めていた。

子どもたちに相談されたときは、一緒に話し合いに入ったが、それ以外は彼らに任せた。ただ、日々の学習の課題があるので、学習時間ではなく、休み時間を製作の時間とした。

自分たちで決め、製作し、完成させたことは、子どもたちにとって大きな成功体験となった。

また、日々の学校生活の中でどうしても一人になりたいとき、そのための場所があることは大きな安心であった。

夢中になり、没頭できる時間をともにし、お互いに自分の意見や思いをぶつけ合い、試行錯誤する中で、子どもたちの居場所ができていった。

段ボールハウスは、ただの「段ボールで作った家」ではない。段ボール一枚で、外の世界（大人が作った世界）から遮断でき、自分たちの世界が広がる場所なのである。

当時段ボールハウスの製作に参加した小学生六年生が、大学生になったとき言った言葉が印象的であった。「私たちにとって、あれは、ただの段ボールで作った家ではないんだよ。秘密基地なんだよね。『20世紀少年』（浦沢直樹の同名漫画を原作とした全三部作の映画）の中のやつみたいな」。

秘密基地は、子どもたちが自分たちだけの世界を創りあげる場所だ。日常生活では、大人が作ったルールや指示に従うことが多いが、秘密基地では自分たちがルールを決めることができ、想像の世界を作ることができる。また、友達と一緒に作ることで、時にはぶつかりもしたが、共通の目的に向かって、協力や信頼関係が育った。

秘密基地を守るために、計画を立てたり、材料を集めたり、役割分担をすることもできた。

この段ボールハウスという秘密基地は、安全で安心できる「逃げ場」でもあり「挑戦の場」でもあった。この基地を通して、社会性も育まれていった。

しかし、教師側から反対の声があがった。「安全管理上よくない」、「子どもの様子が見えない」、「他の児童から自分のクラスにもほしいという意見が出てきているが、それは可能なことではない」などの意見が上がった。校長が、他の学校の個別支援学級での段ボールハウスに関する実践報告なども話したが、会議で多数決が取られ、期間限定で三月には片づけることになった。

現在は、公園で子どもたちが作った秘密基地であっても、近隣から学校に連絡があり、取り壊される。理由は、子どもたちが中で何をしているかわからなくて危険だからだという。すべ

写真４

てを大人が管理しようとすることで、子どもたちはますます大人が見えない世界で「秘密基地」を作ろうとする。その一つがネットの中だったりする。するとそこには、子どものふりをして、子どもたちをだまし、自分の欲を満たすために子どもを利用する大人も現れる。子どもたちは、相手にじかに触れることができない危うい世界の中でさまようことになる。大人が子どもを見守ることは、自分たちが見える場所の中で、決まりを作り、子どもの安全を確保することではない。

「たんぽぽ」の段ボールハウスは撤去されたが、子どもたちは、次なるものを作成した。

マットで作るスペースで、いつでも組み立てたり解体したりできるものであった。**（写真４）**

一人になりたいときは、自分で組み立ててそこに入り、落ち着いたらまた出てきて、マットに戻して、クラスに帰っていった。形にこだわる教師に対して、子どもたちは柔軟に対応し、次なる自分たちの居場所を作り出していった。

この段ボールハウスの成功体験は、その後の彼らの自信につながっている。彼らは大学生、社会人になってからも、再会すると、ほぼみんなが各々懐かしそうに段ボールハウスの話をし、その話をするときの彼らの顔は本当に楽しそうである。その顔を見ると、こちらまで癒され、明日も学校に行って頑張ろうと思えた。

ベッドがある教室

最初に書いたように、はじめは学校の予算でソファを購入してもらい、子どもたちが休める場所を作りたかったが、予算委員会で通らなかった。そんなとき、一人の教員から「結婚するので、ソファベッドなら寄付できますが」という申し出があった。

ソファのようにくつろげる場所として使用してほしいと思って、そのベッドを「たんぽぽ」においた。

すると、そこでほんとうに寝る子どもが出てきた。そして、子どもたちから「ほかの人に見えないように周りをかこってほしい」という願いが出て、学校で使っていないパーティションをもってきて周りを囲んだ。

子どもたちは、教室で友達とぶつかって、感情をコントロールできずに飛び出して来たとき、とりあえず家を出て学校には来たけれどクラスには行けないとき、本当にからだがしんどくて座っていられず、横になりたいとき、「先生、少し寝かせて」と言ってきた。「いいよ。どのくらい?」と聞くと、その時々により、「うん、一時間ぐらい」とか「わかんない」と答える。そして、一応本人が申告した時間にこちらが声をかけると、起き上がって、「じゃあね」と言ってクラスに戻ったり、一人で課題をやり始めたりしていた。「たんぽぽ」ができるまでは保健室がまさにその場所だった。しかし、保健室は実際のけが人や発熱した児童といろんな事情でしんどい子どもたちであふれていた。そこで、身体がしんどい人は保健室、心がしんどい人は「たんぽぽ」と、子どもたちは区別するようになってきていた。

「教室にベッドを置いて、体調が悪いわけでもないのに休ませることはどうなのか」と疑問を投げかけてくる教職員もおり、そのたびに子どもたちの現状を説明し、理解してもらった。

ベッドを提供してくれた先生は、現在、児童支援専任をしている。再会したときに、「当時は色々反対もあったよね」と話したら、「あのときは、初めての特別支援教室でみんなよくわからなかったんだと思います。だから、今は四月に皆さんにお手紙を書いて説明しています」と言われた。「あのときも、『専任便り』を出していたし、教室の使い方についても職員会議で話してたんだけどな。データもすべて残してきたんだけど」というと、彼女がその学校で児童支援専任になったときには、その引継ぎはなく、データも残されていなかったという。

公立の学校では、数年ごとに異動があり、校長が変わるたびに学校の運営方針も変わる。現在の「たんぽぽ」は場所も変わり、運営の仕方も変わっている。そのときの学校の状況によって変化させるものだと思うが、どんな居場所が子どもたちにとって必要なのか、みんなで話し合いをしていくことは必要十分条件である。

教師以外の関わりの有効性——支援員・明治学院大の学生

横浜市では、特別な支援が必要な児童生徒に対して、校内及び校外活動において学習面や行動面の支援を行う有償ボランティアとして、「特別支援教育支援員」を校長面談で採用し、登録することができる。児童の状態により、支援員を年間で何時間つけることができるかが決まる。私の勤務先では、四名の方が登録してくれた。支援員との連携ノートを作って、児童の様子をお互いに共有し、学期末には教材研究や特別支援の勉強会を行った。

子どもたちのつぶやきを丁寧に聞き取り、伝えてくれる支援員の存在は教職員にとっても大きな助けであり、子どもたちにとっても、自分の近くで自分の声を聴き対応してくれる人がいてくれることは、大きな安心へとつながった。

また、大学との連携で、特別支援教育を専攻している学生が、授業の一環として週一回来校し、担当児童を支援してくれる制度も利用した。子どもたちにとって、自分と年齢の近い大学生は話しやすく、また憧れの存在でもあり、とてもよい影響を与えてくれた。

教職員だけではなく、いろんな立場の人が、感じたことをオープンに話し合い、支援方法を決めていくことが大切である。そのためには、児童支援専任がコーディネーターとして動き、支援員も学生もチームの一員として話せる場を作って、一人ひとりの意見や思いを聞き取り、形にしていくことが必要である。

児童本人、保護者、担任とともに支援計画を立て、それに合わせて、どの子にどのように支援員が支援するかを決めていく。そして、その支援内容を、子どもたちの前日までの様子とともに、朝のミーティングで支援員に伝える。放課後は、支援員から気が付いたことを報告してもらい、記録していく。

しかし、そのチームワークを悪気もなく破ってくる教師もいる。教室に行った支援員に、「今日は結構です。他のクラスに行ってください」というのである。支援員が私のところにきて、「担任の先生から、今日はいらないからと言われたがどうしたらいいんでしょうか」という問い合わせがあった。担任が一番で、担任がすべての決定権を持っていると勘違いしていると、こういうことが起きる。また、中には、授業の様子を見られたくないから支援員を入れないでほしいという教師もいる。

子どもたちの学びを、子どもとともにどう作り上げていくのか、まず大人サイドで十分に話し合いをかさねる必要がある。

また、特別支援教育支援員は有償ボランティアとはいえ、時給五〇〇円というのは本当に申し訳なかった。みなさん勉強も熱心にし、子どもたちのために惜しみなく力を注いでくれる方々で、それに相応した報酬を支払うべきだと思う。この有償ボランティアに対する報酬額の低さは、教育に対する意識に対する低さに通じる。（その後、二〇二四年度から時給が一〇〇〇円になった。そのときの新聞の見出しには、「横浜市が支援教育に力を　支援の時給が二倍になった」と書いてあった。）

特別支援教育支援員を務めてくれた三名に、「たんぽぽ」についてのアンケートをお願いした。結果は以下のとおりである。

アンケート回答

◎支援員Aさん

1　**「たんぽぽ」は児童にとってどんな場所だと思っていましたか？**

家にいるのと同じ様に、気を使わずに安心して過ごすことができる場所。

2　**支援・指導をしていて、楽しかったことは何ですか？　また、難しかった点はどんな点ですか？**

寄り添って子どもたちの話を聞くことができ、教室や友達の前では見せなかった笑顔や会話ができること。

週に一度位しか会わないので、なかなか信頼してもらえない時もあり、支援の難しさを感じた。

3　**特別支援教室は学校に必要（不必要）だと思いますか？　理由も教えていただけると助かります。**

必要だと思います。

頑張って学校までは来たのに教室に入れない子どもたちがいます。

その子どもたちが支援教室なら過ごせると言うのを聞くと、必要な教室であると感じます。

4　**理想とする特別支援教室の姿があれば教えてください。**

本来の特別支援教室の姿を理解していないので何ともですが、それぞれの学校で子どもたちの為に立ち上げた支援教室が、その子どもにとって落ち着ける場所であると同時に、担任の先生や同級生から離れた場所に居てもみんなに存在を感じてもらえる様な教室であって欲しいです。

◎支援員Bさん

1　**「たんぽぽ」は児童にとってどんな場所だと思っていましたか？**

一般級に在籍する児童で、主に情緒障害や発達障害のある子どもたちが、それぞれの教育ニーズに合った指導を受けられる「特別支援教室」だと認識していました。

たんぽぽ教室と児童支援専任であった宮田先生が果たした精神的な役割は大きく、一般級にどこか違和感や不安を抱えていて、「居場所がない」と感じていた児童が、ホッとして安心できるホームのようなところでした。

自分と同じような仲間がいるというのもたんぽぽ教室の子どもたちにとって、とても心強かったと思います。

以前は、保健室と養護教諭がその役割を担っている部分がありましたが、保健室には病気やケガの子どもたちの対応をする場所という第一の目的があるため、どうしても仮の場所になってしまい、子どもたちも「私はここにいていいいんだ」とまでは、なかなか思えなかったはずです。そういった意味で、正式に別室で過ごせるようになったのは大きく、子どもたちの心理的な安定度合いが違うと感じていました。

2　支援・指導をしていて、楽しかったことは何ですか？　また、難しかった点はどんな点ですか？

たんぽぽ教室には子どもたちが複数人いたので、子ども同士のトラブルが発生することもありましたが、優しさや思いやり、無邪気さ、内に秘めた本音を垣間見ることができたのが楽しかったです。子どもたちがリラックスして過ごしていたからこそ見えた面が色々とありました。

特に、年上の子どもが年下の子どもの面倒を見たり、優しく接しているのを見て、海外ではよく耳にする異年齢クラスの良さを感じました。
難しかったのは、どこまで子どものわがままを聞くかという点、子ども同士のトラブルが発生した際の対応などです。

3　特別支援教室は学校に必要（不必要）だと思いますか？　理由も教えていただけると助かります。

今の学校教育には必要だと思います。

一クラスの人数の多さ、一斉授業という授業形式、芸術も含めてほとんどの教育活動を評価の対象にしている、自分たちで考える子どもたちを育成していない、できることを伸ばすのではなくできないことをまんべんなくできるようにするなど、様々な課題が現在の学校教育にはあります。そういった課題がクリアされていけば、特別支援教室も必要なくなるのではないかと思います。

たんぽぽ教室に行かずに一般級の教室で過ごしている子どもたちの中にも、しんどさを抱えている子は沢山いると思うので、全ての教室が特別支援教室になることが望ましい形だと考えています。

3　理想とする特別支援教室の姿があれば教えてください。

2に同じです。

◎支援員Cさん

1 「たんぽぽ」は児童にとってどんな場所だと思っていましたか？

安心して自分らしくいられる安全基地のような場所だと思っていました。

2 支援・指導をしていて、楽しかったことは何ですか？ また、難しかった点はどんな点ですか？

教育に携わる仕事をしたこともなく、また資格もありませんでしたし子育てを経験したということだけでしたから、困っている子ども達と一緒に過ごしながら、どのように声かけしたら安心してもらえるか、楽しんでくれるか、また困っていることを素直に相談してくれているのかよく悩んでいました。

元気で笑顔ですごせるようにと応援者のひとりになりたいと思っていましたが、いつも私の方が励まされているようで元気をもらっていました。

3 特別支援教室は学校に必要（不必要）だと思いますか？ 理由も教えていただけると助かります。

（一般級は）騒がしい大人数の教室で、私にはジャングルのようにみえましたが、いろんな性格の子ども達が集まって一緒に学んで一日の大半をそこで過ごしていたら、落ち着かなくなったり息苦しくなったりして疲弊する子どもがいるでしょう。

そんな時に安心して過ごせたり自分のペースで勉強できる場、特別支援教室が必要だと思います。

4　理想とする特別支援教室の姿があれば教えてください。

余計な心配をせずに、どんな自分でも「そのままでいいよ」と認めてもらえて、何があっても味方になってくれる先生や仲間がいる安全基地。

この三名の方々のアンケートからわかることは、教員の資格があるなしに関係なく、彼女たちがどれほど子どものからだに寄り添い、子どものつぶやきを拾ってくれていたかということである。そんな大人がいることが、どれだけ子どもたちの支えになっていたことか。子どもは、自分のからだに寄り添い、自分たちの言葉を聞いてもらえることで、「自分が大事にされている」ことを感じ、その場にいることができる。この三名の支援員なしには「たんぽぽ」を運営することはできなかったと確信している。

特別授業――副校長先生による体育の授業

特別支援教室「たんぽぽ」ができたことで、この学校に不登校の子どもがいなくなった。不登校だった子どもたちが、「たんぽぽ」には来られるようになったからだ。

これは、子どもたちは学校に来たくなかったわけではなく、彼らが生きる場が学校になかったということを示しているのではないだろうか。

教室には行けないが、「たんぽぽ」には行ける。

そんな子どもたちが学校に来て「たんぽぽ」で学び始めたとき、子どもたちからこんな声があがってきた。「先生、体育館や校庭で私たちも体育がしたい」と。

小学校では、年間で各クラスごとに体育館、校庭が使える時間帯が決められており、一覧表になっている。クラスの授業以外に使いたいときは、表が空欄になっている時間帯に申し込んで使うことができる。使いたい時間帯が重なったときは、先生同士で話し合って決めるのである。

表を見て校庭や体育館の空きを探したが、その時間は私自身がほかの授業や出張が入っているなどで、なかなか希望に応えてあげることができずにいた。

そんな中、体育が専門でもある副校長先生が「僕が担当しますよ」と手をあげてくれた。子どもたちに伝えると、大喜びであった。「直接、教えてもらえるの？　信じられない」と。そこから、副校長先生による体育の授業が週一回程度行われることになった。

卒業生の男の子たちは、大学生になった今でも、「俺、副校長から野球教えてもらったよな。楽しかったな」と話している。

二年目――担任との連携と「取り出し授業」

一年目に「たんぽぽ」を年間三〇日以上利用した児童は五名だったが、そのうち三名はこの小学校を卒業し、一名は個別支援学級に転籍した。そこで、二年目がはじまるときに、特別支援教室「たんぽぽ」の使い方を改めて定義しなおした。

「たんぽぽ」の機能は、「取り出し授業の場」と「クールダウンの場」とし、取り出し授業については、四月に希望を取って、希望した児童数により時間割を組んで五月から始めた。

また、数名の児童から「休み時間、給食の時間だけ利用したい」との申し出もあり、保護者、児童、担任と話し合いをしながら進めていった。

入学式・始業式の日に、全校児童に「たんぽぽ～児童支援専任便り～」を配布し、教室の使い方、児童支援専任の仕事について改めて説明した。

担任の先生との連携について

「たんぽぽ」には以下の三つの約束があり、それを印刷して、教室に貼っていた。

「たんぽぽルームの三つのお約束」**（写真5）**

1　担任の先生からカードをもらってからくる

2　担任の先生から、たんぽぽルームでお勉強するものをもってくる
3　勝手に入ってはいけません。必ず、ドアをノックしてからはいる

この約束が守られるためには、まず、担任の先生の「たんぽぽ」への理解が重要である。最初は、担任に言わずにくる子、何も持たずにくる子が多かった。「あの先生にいってもわからないし……」とか、「とりあえず『たんぽぽ』行きなさい、といわれた」とか。

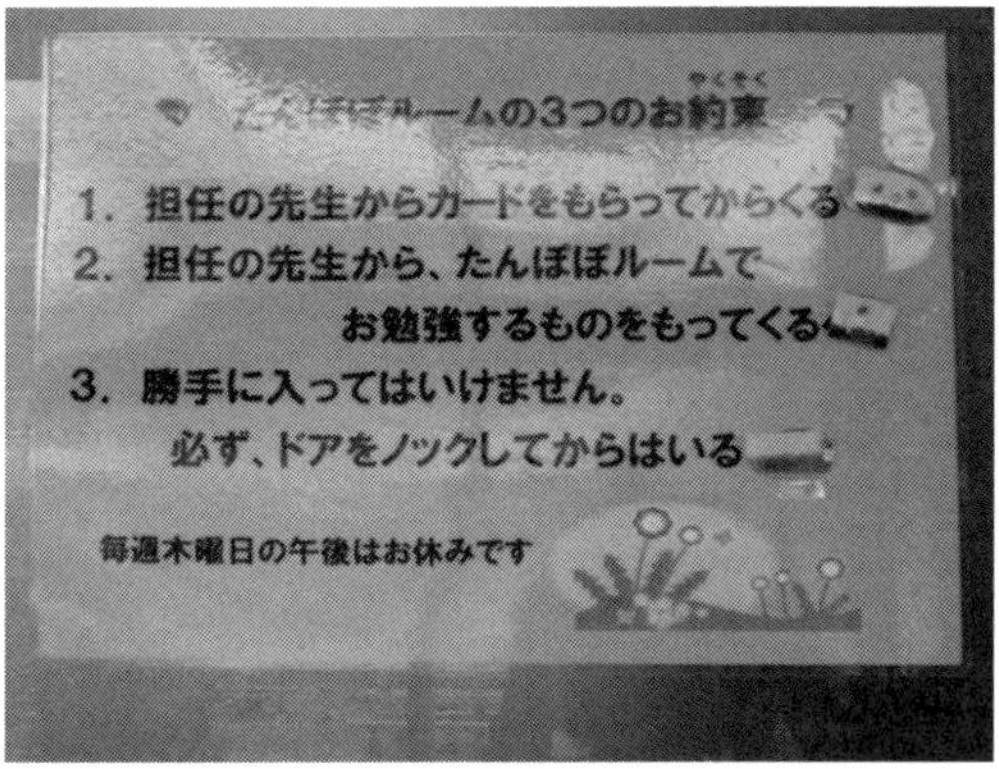

写真5

クラスで何が起こり、どういう状態で「たんぽぽ」に行ったのかを電話で伝えてくれる先生、休み時間に様子を見に来て話をしてくれる先生もいたが、こちらからお願いしないと何も言ってこない、様子を見に来ない方もいた。

「こっちは授業もしているし、四〇名近くみているんですよ」と言われることもあった。大変さはわかるが、「この子は先生のクラスの子ですよ。その四〇名の中の大切な一人ですよ。だから、お互いに連絡を取り合って、一緒にこの子のことを考えていきましょう」といい、担任だけで抱え込むのでなく、学校全体で子どもを見ていく

大切さを伝えた。「抱え込まない」＝「大変な子は『たんぽぽ』に預けてよい」というのではなく、「一緒に考えていく、やっていく」ということを粘り強く伝えていった。

そして、先生たちがチームで取り組むことの意義や楽しさを感じられるようになるにはどのようにしていったら良いかを、試行錯誤しながら取り組んでいった。教員同士が同じゴールのもとで、チームを組むことで、子どもたちにとって、クラスも「たんぽぽ」も安全で安心な場になっていく。

一人の転入生

この年、四年生の男子の転入生が来た。転入手続きはしたが、学校には来ない。それまでは東京で祖母と一緒に住んでいたが、母親の仕事の関係で、会社が用意した横浜のウィークリーマンションに引っ越してきたという。母親はシングルマザーで、朝早く出勤し、夜が遅く、休みの日以外は子どもとご飯を食べることもない、日々の子どもの様子はわからないという。

学校では、欠席の連絡もなく、登校時間を過ぎても登校していない家庭には、必ず電話を入れ、子どもの安否を確認することになっている。毎朝母親に電話すると「学校に行くように言ったし、本人も行くと言ってたんですが」といい、最後には「先生、私仕事があるし、仕事がなくなったら生活できないし、これ以上はできません」と言われてしまった。

そこで保護者の許可を取り、毎日、四時間目の終わりごろに本人を迎えに行くことにした。

しかし、チャイムを鳴らしても、なかなか出てこない。ベランダ側に回り、窓をノックしたりしていたら、今起きたばかりと言った顔をしたその子が、ドアを開けてくれた。「おはよう」と言ったものの、ドアが開いて見えた光景にどぎまぎしてしまった。玄関は、多数の空き缶やペットボトル、チラシ、手紙などで靴もよく見えなくなってしまっていた。寝起きの子どもに、「手ぶらでいいから、給食だけでも食べにきたら」と誘った。

学校までの道のりを、二人でゆっくり歩きながら、彼の毎日の生活を聞いた。母親は朝早く出勤し、夜帰ってくるのは十時過ぎという話であった。彼は、ほぼ一日、布団の上でゲームとテレビという生活だった。一日一回、お弁当を電子レンジで温めて食べるという。週に一度、母親の休みの日は、外で一緒に食事をしたり、買い物をしたりするとのことだった。土日は、一人で祖母の家に行ったりしていた。

教科書、ノートもどこにあるかわからないというので、「毎日迎えに来るから、給食食べて、『たんぽぽ』で過ごして、帰りたいときは送っていくよ」というと、そうしたいといったので、それから毎日お迎えに行くことにした。

「たんぽぽ」の子どもたちは、クラスでの距離感は苦手だが、「たんぽぽ」での互いの距離感の取り方は絶妙である。そんな中で、転入生の男の子は、四時間目の終わりごろにはほぼ毎日顔を出し、給食を食べ、午後は学校にいるようになった。

取り出し授業

二年目に利用した児童は、「取り出し授業」では三～四名、「クールダウンの場」としての利用は一三名（一年生三名、二年生五名、三年生一名、四年生三名、五年生一名）であった。そのうち四名は、「たんぽぽ」を拠点として、在籍するクラスとの連携をとっていた。

取り出し授業とは、一般級での授業についていくのが難しい子どもたちを対象に、特定の教科で少人数指導を行う指導方法である。一般級で授業についていけないのには、様々な理由がある。聴覚過敏で集団の中での音が気になる子や、認知の問題で板書を写すのが難しい子、学習理解度の問題があったりもする。一般級の中でも合理的配慮やユニバーサルデザインの授業など様々な取り組みがされているが、それでも取り出し授業を最適な学習の場とする子もいる。また、クールダウンの場として利用するというのは、教室内でトラブルが起きて感情をコントロールするのが難しいときや、ストレスを感じてパニックになったときに、心を落ち着けるために避難してくることである。学校によっては、各フロアーにクールダウンのできる場所を作っている学校もある。

この年は、十二月に六年生で一クラスの学級崩壊があり、担任が療休に入ったので、急遽、私が担任をすることになり、「たんぽぽ」は非常勤の先生による週一回の取り出し授業だけに使用することになった。

取り出しの授業を担当していた先生からのアンケート結果は以下の通りである。

アンケート回答

◎取り出し授業担当　非常勤講師Dさん

1　**「たんぽぽ」は児童にとってどんな場所だと思っていましたか？**

○取り出し授業の場所

自分に合った学び方を見つけて、学習に取り組み、達成感を味わうことができる場所。

○在籍級で過ごすのが難しいときの居場所、教室に戻るためのエネルギー充電の場所

・朝、教室に入るタイミングが難しい時や、教室で過ごしていて気持ちが落ち着かなくなったり疲れを感じたりした時に過ごす場所（教室に戻るための場所）。

・教室で過ごすことが難しい事情がある時に、学習することができる場所（登校して過ごす場所）。

2　**支援・指導をしていて、楽しかったことは何ですか？　また、難しかった点はどんな点ですか？**

○楽しかったこと……やりがいを感じた時

・取り出し授業担当として

その子に合った学び方を模索しながら子どもといっしょに学習に取り組む中で、「わ

かった！」「自分でできた！」という達成感に満ちた表情をみせてくれた時。また、おうちの方や担任の先生や専任の先生方との情報交換を通して、子どもの成長を感じる時。（いろんな方たちと連携して取り組むことでその子にとってよりよい声かけをすることができた。）

・たんぽぽ教室にきた子どもたちのサポート時

得意なことや好きなことについて話をしたり、いっしょにゲームをしたり体を軽く動かしたりしているうちに次第に穏やかになって教室に戻って行く時。（または穏やかな表情をみせてくれた時。）

○難しかった点

・取り出し授業担当として

担当する子どもによっては集中して学習に取り組むことが難しい場合があり、仕切りなどがあっても同じ教室内で人の気配があると、学習に支障がでることがあった。

また、担任の先生によっては、取り出し授業を考慮せず時間割を組んでしまい取り出し授業ができなかったり、取り出し授業の課題も用意されていなかったり、授業が成立しないことがあった。保護者への連絡ノートを渡してもらえず、せっかくの連携の機会を失うこともあった。

・たんぽぽ教室にきた子どもたちのサポート時

週に一回の担当だったため、一週間の間に何があったのか、今どのようなサポートをしたらよいのか情報を得ていない状態で対応するため、間違ったサポートをしてしまうのでは……という不安があった。

3　特別支援教室は学校に必要（不必要）だと思いますか？　理由も教えていただけると助かります。

必要だと思う。

四〇人が一つの教室で一斉に授業を受け、四五分間椅子に座って授業をすることが多いが、この学び方が合わない子どもにとっては教室にいることがしんどいと感じていても、うまく説明できずにつらい思いをしている。また、自分に合った適切な学び方が他にあるにもかかわらず、サポートを得られないまま「勉強がわからない、できない」と自信をなくししている子どもたちもいる。そのような子どもたちの居場所や学びの場として必要だと感じた。

そして、子どもの対応の悩みを担任ひとりで抱えるのではなく、特別支援教室にいるサポートをする大人たちと連携して取り組むことでよりよい手立てが考えることができる。また、親も自分の子どもが学校で困っている時に、子どもだけでなく自分自身もサポートしてもらえる場所があれば心強いと思う。

4　理想とする特別支援教室の姿があれば教えてください。

個に応じた学び方を見つける場所、しんどいなあと感じたときにきてエネルギーをチャージする場所、子どもが自分に自信をもつきっかけを作る場所。

教室担当に常時各担任と連携できる職員を置く。サポート対応の大人（非常勤講師や支援員など）を二人以上置き対応に当たる。クールダウンのためにくる子どもが落ち着くエリアと、教室に行くことが難しい子どもや取り出し授業を受ける子どもが課題に取り組む場所のエリアをわけ、それぞれに応じた環境づくりを行う。休み時間だけ、給食時間だけ対応するケースも必要なので、その場所も確保できるとよい。

クールダウンや勉強にとりかかるまでに時間が必要な子どものために、特性に応じた家具や運動用具、書籍、ボードゲームなど準備したい。また、学習用具がなければ取り組めない課題があることを考慮して、お道具箱の用意や絵の具や習字道具、楽器などもいくつか用意しておきたい。

アレルギーを持つ子どもも多いため、換気や掃除はこまめに行う。

ネットを通しての学習、特性に合わせたＩＴ機器の活用など積極的に取り入れられればよい。

ひとりひとりの話を聞き、どこでつまずいているのかを確認し、彼らに適した教材を手作りしてくれた「取り出し授業」により、子どもたちは学習に対する意欲がわき、何よりも自信へつながっていった。

集団の中ではできなかったこと（失敗体験）が、個別に学ぶことで、できること（成功体験）へと変化していった。

三年目——「みんなと一緒の時間」と「一人の時間」

四月の時点で一二名の児童が利用を申し込んだ。一年生一名、二年生一名、三年生三名、四年生一名、五年生四名、六年生二名であった。

三年目を迎え、校内での「たんぽぽ」の使い方、一日の流れも出来てきた。

「たんぽぽ」を利用する児童の一日の流れは以下のようになる。

基本的には、朝登校したら、自分のクラスに行き、ランドセルを置いて、担任からカードをもらってくることとした。児童は八時から八時十五分の間に登校するのだが、その間は私自身が校門に立ち、登校してくる児童や保護者との対応があるため、「たんぽぽ」は八時五十分に開けることとした。また、各自の利用時間は、面接で希望を聞き、時間割を組み、十二月までの各自のゴールを本人と一緒に決めた。そして、給食後の掃除の時間は、各自の教室に戻ることとした。

しかし、その日の体調や心によって、朝から教室に行けないときは、登校前に電話をもらい、その日のスケジュールを一緒に決めたりもした。また、どうしても教室で掃除ができないときは、「たんぽぽ」の教室を掃除してもらうことにした。

子どもたちが自分で気持ちを伝えることを大切にし、その気持ちを受け止めたうえで一緒に考えることを大切にした。

三年目に取り組んだ活動についていくつか紹介していきたい。

個別学習について

各自がその日の朝に決めた時間割に沿って学習を進める。各自のゴールにより、その日、教室に何時間、どの時間に行くかを決める。（写真6）

はじめは、個別学習なので、一人ずつブースのようなスペースを作っていたが、子どもたちの意見を取り入れて、図書室のように、机を向かい合わせて大きなテーブルのようにして、自分の好きな席で各自が課題に取り組む形がよいということになった。（写真7・8）

休み時間について

休み時間の取り方について各校で違いはあるが、基本的には、小学校では、二時間目と三時間目の間に二〇分から二五分の「中休み」、給食、掃除後の一五分程度の「昼休み」がある。

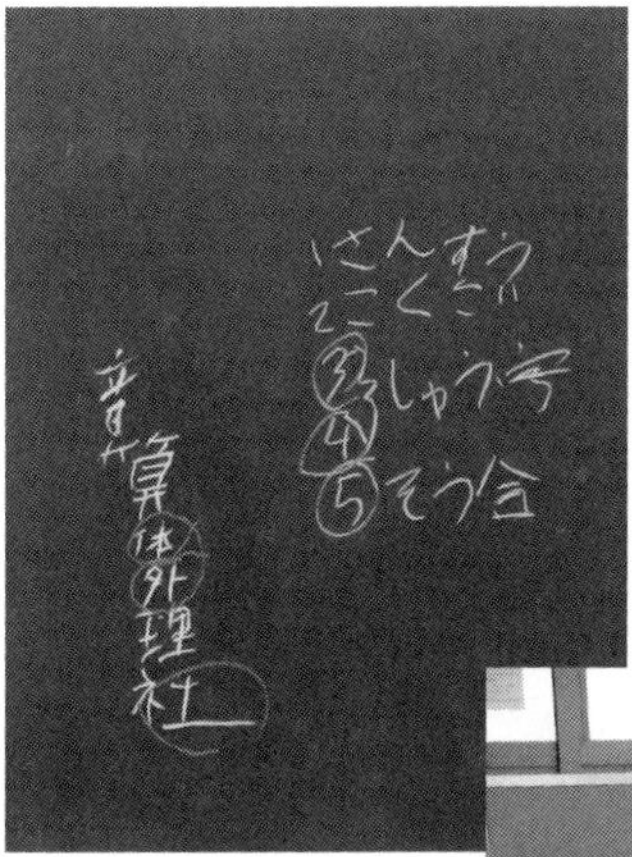

写真6

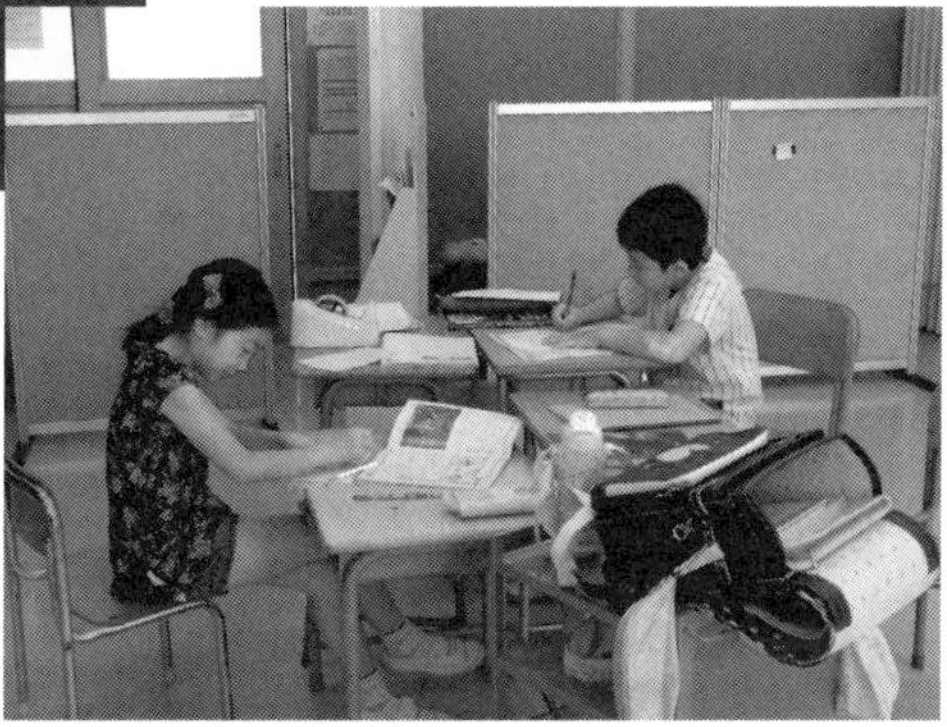
写真7

写真8

この学校では週に二回だけ「ロングの昼休み」と言って、二〇分から二五分の昼休み時間を設定していた。子どもたちはこのロングの昼休みを楽しみにしていた。（写真9・10）

「たんぽぽ」では、基本的に休み時間は全校児童に開放していた。子どもたちは、普段「たんぽぽ」を利用していなくても、どんなところなのかとのぞきに来て遊んでいった。また、「たんぽぽ」を利用している子がクラスの友達を休み時間に連れてくることも多かった

ただし、授業中に辛くなり休んでいる子がいる場合は、その子を優先することにしていた。

給食時間について

給食時間は、一年生から六年生まで常時八名から一〇名の児童が利用していた。（写真11）

学校給食は、子どもたちにとって楽しみの一つでもあるが、大きな障壁にもなっている。集団で同じものを、同じ時間内で食べること、そして昼の放送を聞きながら、また班での友達の会話にもこたえなくてはならないというふうに、同時に多くのことを処理しなくてはならない。もちろん、そのことが気にならない子もたくさんいるが、その時間がしんどいと訴えてくる子も毎年いるのも現実である。

正直なところ、私自身も教師に転職したとき、この時間がつらかった。はじめは、この環境に食欲がわかず、食べることができなかった。会社で働いていた時代には楽しみだったランチタイム、休憩の時間は、食育という指導の時間に変わり、また実際に教員が食べる時間は一〇

写真 9

写真 10

写真 11

分ぐらいしかなかった。食育のため、子どもたちは初めて食べるメニューや嫌いなものも一口はチャレンジしなくてはならず、そのことが負担になって給食時間が憂鬱になる子もいた。牛乳が苦手な私にとっても、毎日牛乳を飲むことが、特にごはんと牛乳の組み合わせがしんどかった。なので、子どもたちのしんどさは心から共有することができた。

「たんぽぽ」では、まず刺激を減らす意味で室内での放送のボリュームを切り、昼の放送は廊下から聞こえる程度にした。また、「楽しく食べる」を大切にし、食べられないものは自己申告して残すか、食べはじめる前に食べたい子にあげることとした。その子のペースで食べることを大切にし、黙って食べてもいいし、席も好きな席で食べるようにした。各自が苦手なことは違うが、苦手さがあることを共有し、お互いを認め合っていた。

もちろん、栄養価が高く、バランスがよく温かな給食を毎日低価で食べられることは本当にありがたい。給食で初めて食べてみて、野菜が好きになった子もいる。ただ、安心できる環境の中で食べられることがなければ、おいしいと感じなくなる。

子どもたちも口々に「ここだと安心」「ほっとできるんだよね」「家みたいだよ」といっていたが、大人であっても、ランチタイムは好きな場所で食べたい人と食べるから楽しい時間なのであり、いくら高価なものでも商談や会食で食べるのではしんどいのと同じではないだろうか。

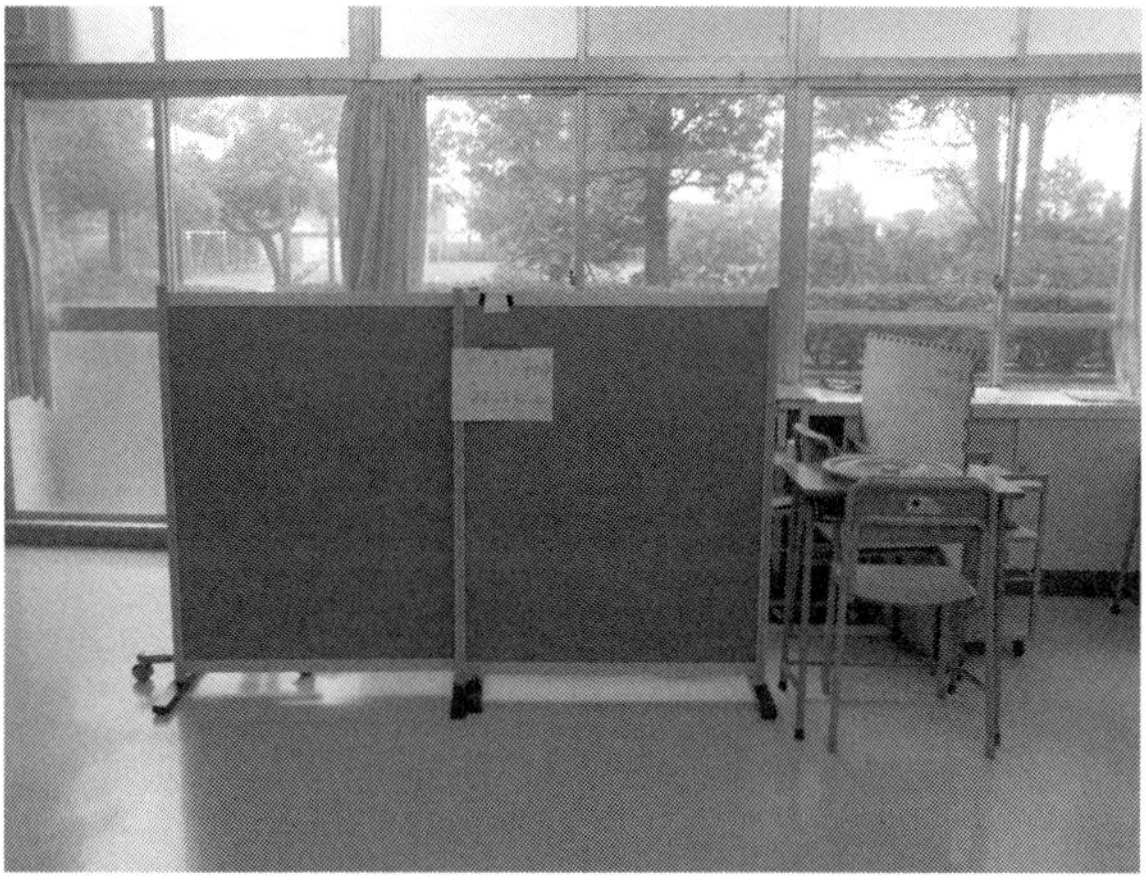

写真12

クールダウンとしてのO君の部屋

三年生のO君は、クラスで友達とうまくいかず、いらいらしてくると教室を飛び出し、担任にいわずに「たんぽぽ」に突然やってくるようになった。湯気が見えそうなくらいカッカしており、「たんぽぽ」にいた子どもたちがおびえるくらいである。

「先生、俺の部屋作らせてもらう」

「誰も入れないで。一人にさせてくれ」

そう言って、パーティションで個室を作り、落ち着くまで、紙に殴り書きをしていた。(写真12)

担任の先生に電話して状況を話し、落ち着くまで「たんぽぽ」で預かることにした。

本人が「部屋」から出てきて話せそうなときは、ただ話を聞き続けていたら、そのうち、休み時間とか、本人がカッカしていないときにも、こっそりきて、いろいろ話をしてくれるようになった。

友だちのこと、家族のこと、そして自分は怒ると

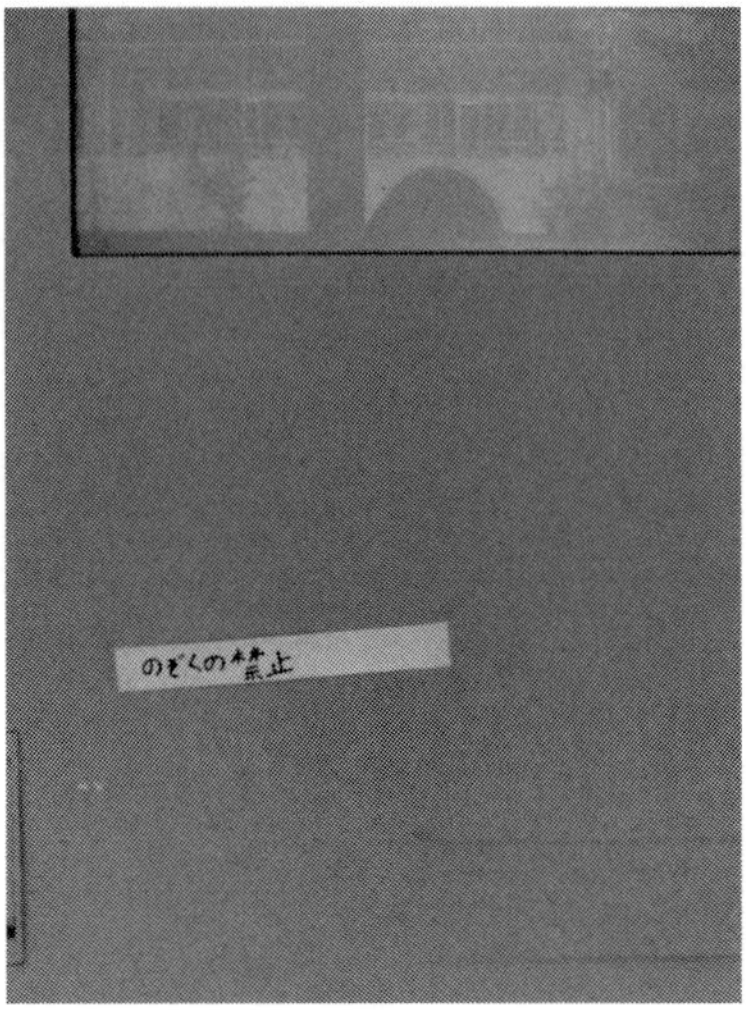

写真13

みんなみたいにすわっていられないことなどを相談してくれた。また、気持ちが高ぶっているとき、他の人の視線が気になり落ち着けなくなるので、教室の廊下側の窓ガラスに目隠しをしてほしいと言ってきた。そして、自分で「のぞくの禁止」という紙を「たんぽぽ」の後ろの扉に貼って帰っていった。**（写真13）**

O君に相談されたことは、「たんぽぽ」のみでは解決できることではないので、担任の先生やスクールカウンセラーの先生とも連携を取り、保護者とも面談をした。O君にとって、自分が落ち着ける場所が校内にあることは大きかったが、それ以上に、自分が困っていること、感じていることを話したときに、それを聞き、一緒に考えてくれる大人がいること、そして「どうせわかってくれない」「かわらないよ」といっていたことが変わっていったことは、大きな安心感となり、自分の思いを口に出すことに対する自信へとつながっていった。

四年目――木工体験と「たんぽぽの歌」

この年は、一年生二名、二年生二名、三年生六名、四年生三名、五年生一名、六年生四名の児童が登録し、利用した。取り出しの授業を希望した児童が一〇名、休み時間を希望した児童が六名、給食の時間を希望した児童が八名であった。登録していなくても、クールダウンのために急遽担任から要請があり、利用する児童も数名いた。

ここでは四年目の「たんぽぽ」の特徴的なことをいくつか紹介していきたい。

教室での木工体験について

小学校では、高学年から移動教室や修学旅行のような「集団宿泊的行事」があり、場所や日程に関しては各校が決めることができる。文部科学省では、集団宿泊的行事を特別活動の一つとして位置づけており、「平素と異なる生活環境にあって、見聞を広め、自然や文化などに親しむとともに、集団生活の在り方や公衆道徳などについての望ましい体験を積むことができるような活動を行うこと」（学習指導要領）と定義している。

この年、「たんぽぽ」を利用している児童の中に、五年生の宿泊行事には参加しないという選択をした児童がいた。しかし、その間「たんぽぽ」には来たいという。今までは宿泊行事に参加しない場合は、欠席という扱いで、登校することができなかった。しかし、この児童の場合は、「たんぽぽ」ができたことで不登校ではなくなり、登校できるようになった児童であった。せっかくの流れを止めたくない思いと、彼の希望をかなえてあげたいという思いから、校長に特別に許可をもらい、同じ学年の児童が宿泊行事に参加している間も「たんぽぽ」に登校できるようにしてもらった。

集団の苦手な児童にとって、宿泊行事は負担が大きい。学習の場だけでなく、生活の場（食事・お風呂・睡眠など）にも、常に先生がいて友達がいる。多くの児童はそれが楽しい、特別と感じるが、そのことを負担に感じて参加できない児童もいる。その場合、その児童に、どういう体験・教育を学校として準備してあげることができるのか、そのことを考える必要がある。宿泊行事の前後にも、学校ではそれに関する授業がある。また、行事の様子は卒業アルバムの写真にも使われる。参加しない児童にとっては宿泊行事の二日間だけのことではないのである。

その年は、宿泊学習のプログラムの一つに木工体験があった。みんなが行っている間に「たんぽぽ」で何かできないかと考え、木工体験を「たんぽぽ」でもやろうということになった。以前に一緒に個別支援学級担任をしていた山中先生が、指導してくれることになった。先生は退職後、支援員として登録して、「たんぽぽ」を担当してくれていた。五年生のその子だけのはずが、そのときにいた他の学年の子どもからも参加したいという希望があり、低学年も一緒に木工体験を行った。**（写真14〜17）**

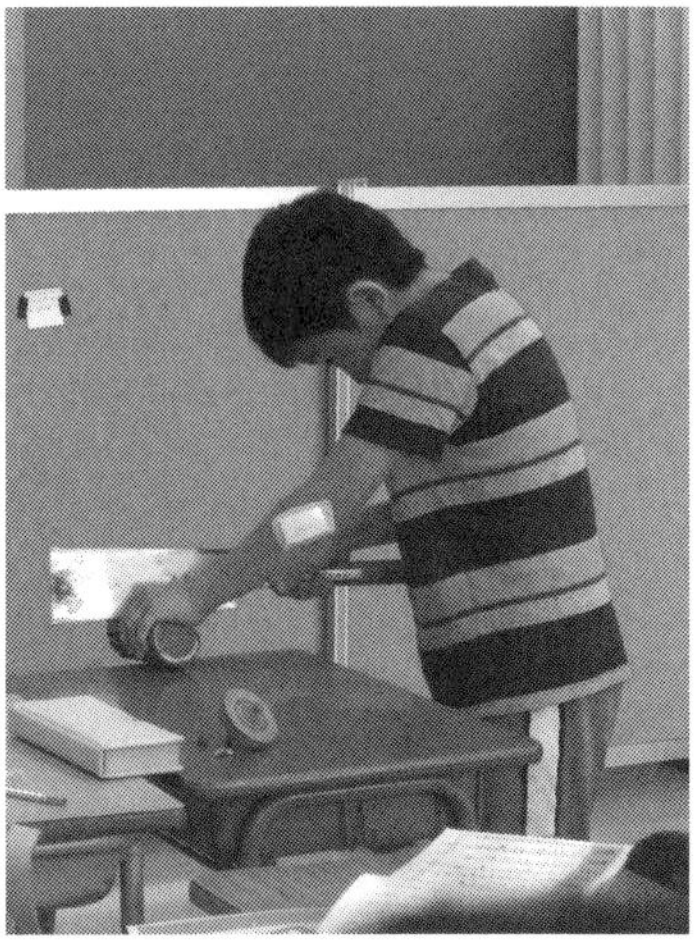

写真 14

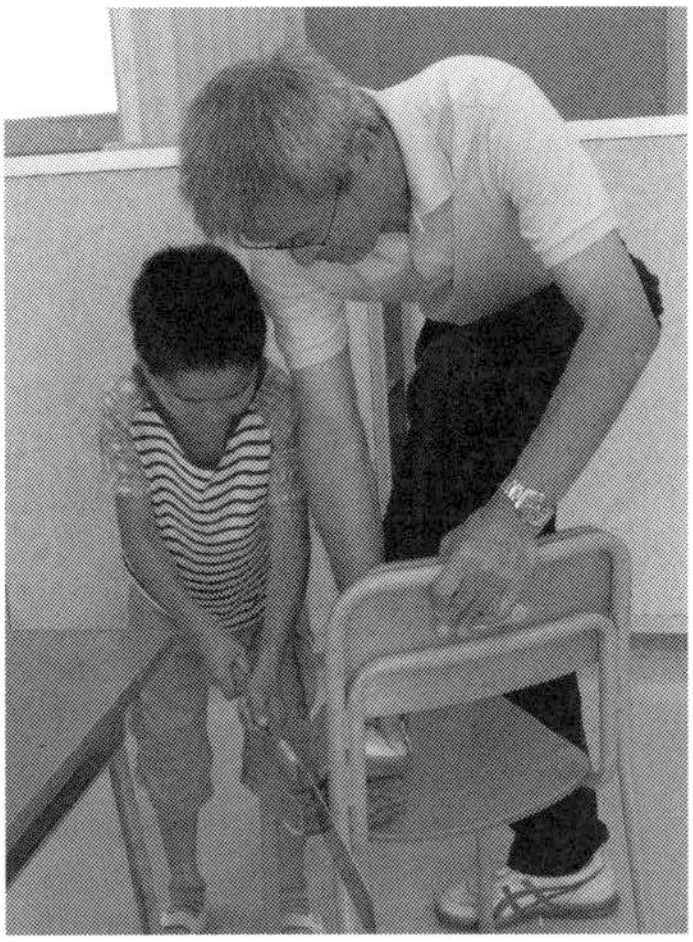

写真 15

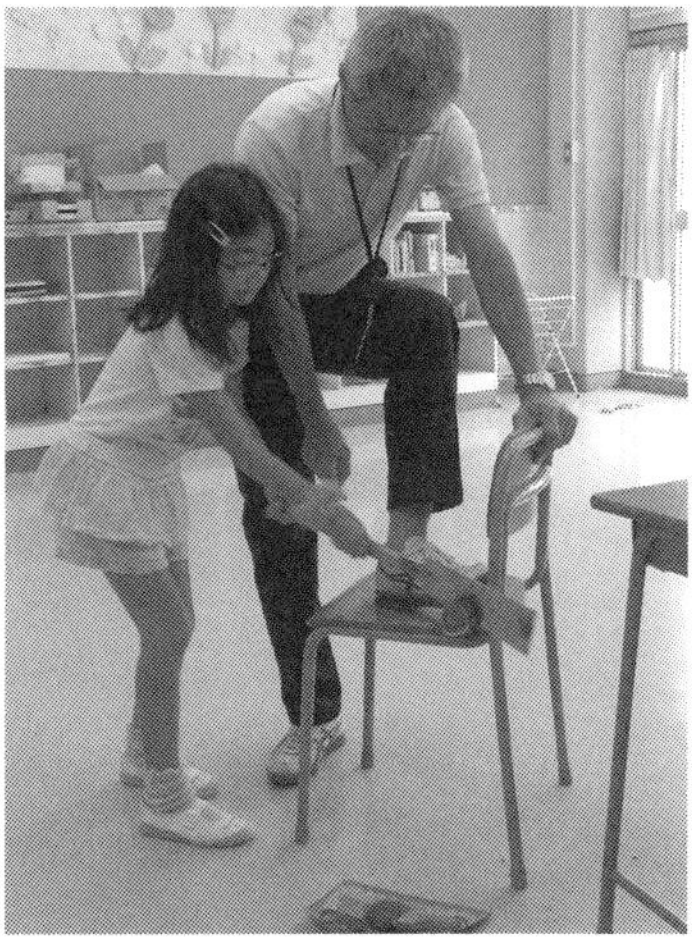

写真 16

写真 17

「たんぽぽ」の歌、「はしれ!!　たんぽぽ」ができる

子どもたちから「宮田先生、この学校、長いからそろそろかわっちゃうんじゃない。そうなったら、『たんぽぽ』はどうなっちゃうの?」という声が上がってきた。子どもたちは毎年行われる離任式を通して、同じ学校には長くても六年から九年しかいられないことを知っていた。この年、私は八年目だった。

そんな中、一人の子どもが作ってくれた歌を紹介したい。

この子は、音に敏感で毎日の学校生活はしんどいといい、母親と相談しながら「お休み日」を決めて登校していた。「たんぽぽ」は給食の時間は毎日利用しており、時折、朝しんどいときは「たんぽぽ」で一休みしてから教室に向かっていた。

その子が書いた詩である。

「はしれ!!　たんぽぽ」
いままで　がっこうに　かよえなかった
だから　さがした
がっこうないで
たんぽぽというへやをみつけた

どくとくな　なかまたち
気があう　せいとたち
ここなら　かよえる　がっこうに
たのしいあそび　たくさんやった
しずかなべんきょうとてもいいが
たまにすごくめんどくさい
これからもつづいてほしい
そつぎょうまでなくなるな
とどけ！　わたしのおもい
みんなだいすき　ひだまげりんげふん（?）
みんなだいすき　たんぽぽ
はしれ!!　たんぽぽ！
そんざいかんをしめせ
人気になれば　つづくはずさ
がんばれ!!　はしれ!!　たんぽぽ
チャチャチャチャ

アンケート回答

◎本人

1　**あなたにとって「たんぽぽ」とはどんな場所でしたか？**

同じクラスの人と鉢合わせしない場所。

保健室は色々な人が来るので、ほとんど人が来ないたんぽぽのほうが落ち着けました。たんぽぽに来る人には「自分と同じような人が他にもいるんだ」と思い、雑談をすることもストレス発散になっていたと思います。

2　**もし「たんぽぽ」がなかったら、小学校生活は変わっていましたか？**

たぶん変わっていたと思います。保健室登校か不登校になっていたと思います。

3　**自分にとって、「学校」とはどんな場所ですか？　また、その当時何を求めていましたか？**

マジで嫌な場所。何が嫌かもよくわかんないけど。

4　**成長した今、小学校時代を振り返り、何があったらよかったと思いますか？（制度・環境・考え方なんでもよいです）**

こうしてほしかったというような不満はないです。しいて言うなら、それぞれの活動にもっと時間的な余裕があれば助かったと思います。（特に給食の時間など。）

5　学校内に特別支援教室は必要（不必要）だと思いますか？

あったほうがいいと思います。

私のような逃げ場が必要な子が他にもたくさんいると思うので。

◎保護者

1　「たんぽぽ」はお子様にとってどんな場所だと思っていましたか？

安心して肩の力が抜ける場所。

学校生活が苦手だった娘と学校をつないでくれる場所でもありました。

2　特別支援教室は学校に必要（不必要）だと思いますか？　理由も教えていただけると助かります。

必要だと思います。教室にいることが辛くてたまらない時に、気兼ねなく抜けられる場所があり、ほっと息をつければ、それだけで学校に通えるお子さんもいると思います。

3　理想とする特別支援教室の姿があれば教えてください。

なるべく自由に行き来ができる。安心できる場であると同時に秩序も保たれている。

子どものメンタルと学習の両方をサポートできる大人が在中している。

特別支援教室だけでなく、一般の教室が一クラス二〇人くらいの少人数制になり、担任と副担任の二人の先生が常に教室にいる、というような体制がもしできれば、子供たちの学校での生きやすさもだいぶ違ってくるのではないかと思います。

現実には難しいでしょうが、少子化で子どもの数はどんどん減るのだから、より丁寧に一人ひとりを育てられるような体制ができればいいと思います。

サードプレイスとしての「たんぽぽ」の意味

子どもたちと日々向き合いながら過ごした「たんぽぽ」での四年間。

子どもたちにとって「たんぽぽ」は特別支援教室ではない。

自由に自分の教室と行き来できるもう一つの教室である。

それは、彼らにとっての「サードプレイス」なのではないだろうか。

アメリカの社会学者レイ・オルデンバーグは、一九八九年に出版した著書『The Great Good Place』(邦題『サードプレイス』)において、「サードプレイス(Third Place)」という概念を提唱した。その中では、家庭(ファーストプレイス)と職場(セカンドプレイス)だけでは、人間は十分な社会的交流や幸福感を得ることができないと指摘し、そこで、人々がリラックスしながら自由に交流できる「サードプレイス」の必要性を説いている。

オルデンバーグは、サードプレイスが持つべき特徴として以下の八つを挙げている。

1 **中立的な場**（Neutral Ground）

参加者が自由に出入りでき、特定のメンバーだけに制限されない。

2 **平等な立場**（Leveler）

社会的地位や職業に関係なく、全員が平等な関係で交流できる。

3 **会話が中心**（Conversation as a Main Activity）

おしゃべりが中心となり、情報交換やアイデアの共有が活発に行われる。

4 **アクセスしやすい**（Accessibility & Accommodation）

誰でも気軽に利用でき、頻繁に訪れることができる。

5 **常連客がいる**（The Regulars）

その場には常連が存在し、新しく訪れる人を歓迎し、場の雰囲気を作る。

6 **控えめで目立たない**（A Low Profile）

豪華で特別な場所ではなく、シンプルで親しみやすい雰囲気を持つ。

7 **リラックスした雰囲気**（The Mood is Playful）

堅苦しくなく、楽しい雰囲気があり、ユーモアが大切にされる。

8 **家のような感覚**（A Home Away from Home）

心地よく、安心して過ごせる場所である。

まさに、これらは「たんぽぽ」で起きていたことである。

しかし、学校の中でそれは「たんぽぽ」だけではなく、学級の中でも創りあげることができるのではないだろうか。それは、場の意味だけではなく、その場に立ち会う教師と子どもたちとの関係性で起きてくるのだと思う。

「たんぽぽ」は、最初から「居場所」をつくろうということで始まったわけではなく、教室に入れない子どもたちと向き合っていったときにできた場である。別に「たんぽぽ」を各学校につくろうというのではなく、クラスが、学校が、本当は子どもと向き合い、創りあげる場になればいいなと思う。

二〇二二年八月二十二日・二十三日に、スイス・ジュネーブの国連欧州本部で、日本政府は「障害者の権利に関する条約」に関する初めての審査を受け、九月九日に、国連の障害者権利委員会から日本政府に勧告が出された。勧告には「インクルーシブ教育の権利を保障すべき」との記述がある。

日本は「インクルーシブ教育」ではなく、どんどん「分ける教育」をしている。障がい者と障がい者じゃない者、障害という言葉が個人の障壁ではなく社会的障壁と言われるようになってからも、いまだに子どもたちのことを分ける。

特別支援教室も不登校の子どもと不登校じゃない子どもを分けている。

「分ける教育」は何を目指すのか。

学校は子どもたちをそのままを受け入れ、自分が自分でいられる場であり、その中で他者である子どもとともに一つの課題に向かって発見し学びあえる場なのではないだろうか。

多様性の社会は、閉ざされ、分ける教育の中から生まれるわけがない。

子どもたちは、大人の嘘で作られた世界に絶望している。

先に生まれた私は何ができるのか。

それは、自分が生きていると実感し、人生が変わった「竹内レッスン」での学びを学校で子どもたちとともに生きるところからしか始まらない。

今は写真の勉強をしている大学生（卒業生）に会ったとき、彼はこんなことを話してくれた。

「今、写真を通してのサードプレイスをつくろうとしてイベント企画しているんだ。『たんぽぽ』は、僕にとっては学校の中のサードプレイスだったと思うよ。まあ、どのプレイスにいても、それは僕なんだけどね」と。

場が与えられ、自分たちで選んで歩んだ子どもは、自分たちで場を創り出し、歩むことができる。

彼の言葉に励ましを受けた。

次の章では、そんな彼ら（卒業生）の言葉を伝えていきたい。

4

綿毛は今、どこへ

——卒業生へのアンケートとインタビューから

横浜市の教員になって九年目、特別支援教室「たんぽぽ」を始めた学校から異動することになった。しかし、在籍中に始めた子ども食堂「たまプラごはん」が月に一回あり、「たんぽぽ」の卒業生とも関係が継続していた。また、子ども食堂のスタッフでもあるその地域の民生委員や主任児童委員の方々との連携を取りながら、子どもたちの成長を見守っていた。そして、その関係はありがたいことに今でも続いている。

学校を異動した後も特別支援教室に関する相談を受けたり、その後、退職した後も研修を依頼されたりする中で、ぜひ子どもたちの生の声を、先生や保護者、また現在悩んでいる子どもたちにも伝えたいという思いが強まっていった。そこで、「たんぽぽ」の卒業生たちと保護者、関係してくださった先生方に連絡を取り、アンケートを取り、インタビューをさせてもらった。

この章では皆さんに、私の視点で見た・感じた子どもたちとの出会いと現在の様子をお伝えするとともに、アンケートを通して、私の言葉ではなく子どもたち自身の声を直接聞いてほしいと思う。

「僕は『たんぽぽ』にいたいです」

二年生のA君のことについて、養護教諭から相談があった。一年生の後半から不登校気味で、毎朝お母さんと登校しているのだけど、教室に入れず、母親と妹と一緒に保健室にほぼ一日いるとのことだった。

保健室をのぞいてみると、A君は本を読んでいて、その横で四つ下の妹が折り紙を折っており、同じテーブルで母親がそんな二人を見守っていた。

A君に「児童支援専任の宮田です。何を読んでいるの」と聞くと、本を差し出してきた。いくつか、本に関して質問していると、いろいろと答えてくれた。

そのうちに「先生、いつも『たんぽぽ』にいるんだけど、知ってる?」と聞くと「知らない」という。「じゃあ、学校探検してみない?『たんぽぽ』まで」

「今、授業中だからさ、忍者になって見つからないように行こうよ」というと、A君は「行ってみる」と言って立ち上がった。その後、保健室で忍者のすり足、忍び足の練習をし、いざ廊下へ二人で出た。ほんの数分の体験であったが、あとで母親から「あのときはびっくりしました。私から離れることができた最初でした」と言われた。

あのとき、A君と歩いた廊下、学校の感覚が、今でもからだに残っている。なんとも不思議な感じだった。毎日、歩いていた廊下なのに、まるで学校という建物に初めてはいったような緊張感があった。心臓がどきどきして、自分の足で歩いている感覚より、からだが前のめりに傾き、目標の場所に早くたどり着かないかと、頭は前に、肩は上に持ち上げて歩いた。「たんぽぽ」に入ったときの安堵感を今でもはっきり覚えている。

「毎日、こんななら大変だ。しんどいね」といったら、「うん」と言って大きくうなずいていた。

そういえば、以前にも同じようなことがあったと思った。

大学卒業後、仙台の「ＤＩＣＴ」でインターンをしていた。そのとき、不登校の中学生の男の子の学習を見ていた。その子から、「中学卒業するのには登校しなくてはいけない、一度登校に付き合ってほしい」と頼まれたことがあった。

一年以上行っていなかった学校に行くと決めた日、彼は、目標である学校だけをめがけて、からだが前傾で歩き、足が上体についていくのが大変だった。学校が近づくと、彼の息が荒くなった。彼の横を歩いていた私も、彼のからだがのり移ったかのようで、苦しくて、途中で私の方が「今日はここまでにしよう」といった。しかし、「ダメ、今日はいくんだ」という彼に押されて一緒に歩いた。そのとき、学校という建物がコンクリートの化け物のようで冷たく、閉ざされた校門を開けることがどれだけしんどいことかを知った。

その日は、養護教諭に昇降口で迎えてくれるようにお願いしていたのだが、あとで話を聞くと、ほかの生徒の対応が急に入ってしまったことで、昇降口には彼を迎えてくれる人はだれもいなかった。

やっとのことで学校に入り、そこで迎えてくれる人がいなかったとき、その子は昇降口で倒れてしまった。遅れてきた先生は「たった五分ですよ」と言ったが、その子にとって全力で向かった先のゴールに、迎え入れてくれる存在がないことが、どれだけのことだったのか相手には届かなかった。

「学校にただ来ることだけですよ。みんなは毎日来てるんですよ」ということばは、何の意味も持たない。彼は「中学校は義務教育だから、行くべき場所だから通うということ」をからだが受け入れられなくなり、一年間苦しんだ。しかし、高校進学を前に、自分の意志で学びを、未来を勝ち取るために必死に挑んだ一歩だったのである。その挑戦を認めてくれる教師がいると信じていたのである。学校に、その一歩を一緒に歩んでくれる教師がいることを。

話をA君に戻そう。

その日からA君と私は、忍者になって、保健室からいろんな場所へと学校探検をした。学校探検が終わると、彼は保健室ではなく「たんぽぽ」で過ごすようになり、母親は送り迎えをするだけになった。

その後、一年間「たんぽぽ」を主な学習場所として登校し、次の年は在籍級を一般級から個別支援学級に移した。本人の希望は「たんぽぽ級」在籍だったが、当時それは認めることができなかった。「たんぽぽ」はあくまでも特別支援教室であり、在籍級にはなれなかったのだ。

文部科学省が定めている「在籍級」の定義があり、小学校では、児童は「一般級」か「特別支援学級」（横浜市の場合は個別支援学級）のどちらかに在籍する。一般級に在籍している場合は、児童はニーズに応じて「通級指導教室」や「特別支援教室」を利用することが可能である。

一般級で学習することが難しく、個別の指導を毎日必要とするA君にとっては、特別支援学級（個別支援学級）で学ぶことは有意義なことだと思えた。ただ、新たな教室、教師、友達という新しい環境への不安もある。その中で、彼の希望は、今まで通り「たんぽぽ」を利用しながら個別支援学級に在籍したいということであった。ただ、ここで問題は、一人の児童に二つの支援はできないということである。個別支援学級に在籍するなら、「たんぽぽ」は利用できないのである。

「なぜ」という彼の問いに、私自身が納得して答えることができなかった。

「在籍級」の概念は、教育機関が児童生徒一人ひとりに適切な教育環境を提供するための基礎となるものであり、教育計画や指導の枠組みを設定する上で不可欠な要素である。ならばそこに、個に応じた支援の仕組みとして、もっと選択肢があってもよかったのではないだろうか。現在は、学びたいと思ったときに多様な学びにつながることができるように、個々のニーズに応じた受け皿が整備されつつある（文部科学省ホームページ「誰一人取り残されない学びの保障に向けた不登校対策（COCOLOプラン）」参照）。

宮城教育大学には、かつて「プロジェクトコース」という特別な教育プログラムが存在していた。このコースは、学生たちが特定のテーマに基づいて実践的な研究や活動に取り組むことを目的としていた。

教室内での理論学習にとどまらず、フィールドワークや地域での実践活動を重視した。これにより、現場での経験を通じて、実際の教育現場で求められるスキルや知識を養うことができた。

私自身はそのコースにいたことで、自分が学びたいテーマに沿って教育研究や実践活動を行うことができた。現在、このプロジェクトコースは終了しているが、プロジェクトコースが持っていた教育理念や実践的なアプローチは、貴重な経験になった。大学でのこのような実践的な活動も、「多様な学び」のヒントになるだろう。

自分で学習計画を立て、学校の中に「たんぽぽ」という場を創りあげ、そこでの人間関係を楽しんでいるA君に、『たんぽぽ』はクラスではないから選択肢にはならない」と言うのは、何の答えにもなっていないと思った。

言えることは「ごめんなさい。今はここまでしかできない。その中で選んで下さい」という言葉だけであった。

その後、彼らは家族で話し合い、一家五人で栃木県鹿沼市に移住した。父親がゼネコン社員からイチゴ農家の研修生になったのである。家族総出でイチゴを作っている。

彼が高校に入ったときに、彼の母親から届いたLINEを紹介する。

「宮田先生こんにちは
今日、Aが高校に登校しました!!

県立○○高校の通信制です。

入試は面談のみでしたが、中学校の先生と練習を沢山して頑張りました。

無事に合格して安心しています。

学校の前まで車でおくったのですが、Aが車から降りて一人で登校する姿を見て、ジワジワと感動しちゃいました。

中学校も母子登校をしていたので、一人で登校する姿に大きな成長を感じます!!

嬉しくって宮田先生にもお伝えしたくてＬＩＮＥしちゃいました。

新年度でお忙しい時期ですからお返事は大丈夫」


今回この本を書くにあたり、本人にアンケートに答えてもらい、また直接会いにもいった。出会ったときは小学二年生だった彼は、今は見上げないといけないくらい身長が伸び、すてきな青年になっていた。「先生、なつかしいです。お元気ですか?」とあいさつする彼に、時の流れを感じるとともに、彼の話を聞きながら、まだまだやることがたくさんあるなと思った。

アンケート回答

◎本人

1 **あなたにとって「たんぽぽ」とはどんな場所でしたか？**

- 自由な場所。
- 救済措置的な場所。
- いつもの友達と遊べて楽しかった場所。

2 **もし「たんぽぽ」がなかったら、小学校生活は変わっていましたか？**

はい。

困ってたと思う。学校に行けてないかもしれない。

3 **自分にとって、「学校」とはどんな場所ですか？**

- エネルギーをたくさん使う場所。
- 行くまでが大変な場所（精神と肉体のバランス）。
- 騒がしくて疲れる場所。

また、その当時何を求めていましたか？

- 安息。
- どこでもドア。

4　**成長した今、小学校時代を振り返り、何があったらよかったと思いますか？（制度・環境・考え方なんでもよいです）**

- 静かな場所。
- 適切な教材〈一人で出来るドリル（解説付き）〉。
- 付きっきりの先生。
- 送迎サービス。

5　**学校内に特別支援教室は必要（不必要）だと思いますか？（理由も教えてください）**

必要だと思う。

個別支援学級にはない、緊急避難所のように明日から通えて柔軟に対応できる場所として必要だと思う。

どんな教室なら良いと思いますか？　あなたが理想と思う特別支援教室の姿を教えてください。

- 小さな個室がある。
- ボードゲーム、カードゲームなどが置いてある。
- ビデオ通話ができる。その子の家とたんぽぽ教室の中で。かつ基本的にはその子は見るだけで、先生にお願いするとたんぽぽ教室の友達と通話ができる。
- 無理に学校に来させようとしない先生。

・のんびりとした雰囲気の教室。

◎保護者

1　**「たんぽぽ」はお子様にとってどんな場所だと思っていましたか？**

自分の居場所。

やりたい気持ち、やりたくない気持ちを伝えていい場所。

いつものメンバーに会える場所。

2　**特別支援教室は学校に必要（不必要）だと思いますか？　理由も教えていただけると助かります。**

とても必要だと思います。

理由は、普通教室に身を置くことができなかった息子は、たんぽぽルームができる前までは、保健室もしくは畳の部屋（保健相談室）へ登校をしていました。

保健室は具合の悪い児童がいる時や、感染症の病気が流行る時期、検診の日などに息子（母子登校）が利用することができなくなります。不確定要素が大きな不安となるタイプの子供にとって、登校した後のイメージが明確に想像できないことはおおきな負担になっていました。その後、たんぽぽルームができて、登校したらその部屋に行けばいい！　そこに行けばいつもの先生（宮田先生、山中先生）がいる。

安定した居場所があるということが子供の安心感にとても必要であると思うからです。また、たんぽぽルームを利用している他の児童と出会うことで、自分以外にも普通教室に行きづらい人がいるということにも気が付きます。皆と同じように過ごすことができないことで自分自身を責めている気持ちも和らいだと思います。

主旨とはそれてしまいますが、たんぽぽルームが設立される前に登校していた保健室も私たち親子にとってはとても必要な場所でした。

息子が登校を嫌がる日々で、親としてどう対応したらいいのか、どこまで押していいのか？　どこまで引いたらいいのか？　どこまで親が手を出していいのか？　何もわからない緊張と不安の時に、温かく対応してくださる保健の先生（武田先生）の存在は私（母親）の大きな支えになっていました。宮田先生と息子を出会わせてくれたのも武田先生でした。先生方には感謝してもしきれません。

3　理想とする特別支援教室の姿があれば教えてください。

- いつでも利用できる場所であってほしい。
- 変化の少ない場所であってほしい。日々の変化も、年度をまたぐ変化も少なくあってほしい。
- 子供の「嫌」を受け入れてくれる場所であってほしい。うちの子供の場合は「嫌」を受け入れて貰えることで信頼感を築いていいました。

・そのままの子供を受け入れて、認めてくれる場所であってほしい。
・母子登校を認めてくれる場所であってほしい。（たんぽぽルームに母・息子・娘で登校させて貰えて本当に助かりました。）
・子供の気持ちに余力ができたら、勉強を学べる場所であってほしい。（その日その時でできることのレベルが全く違います。計算を何ページも進める時があるかと思えば、自分の名前さえも書けない時もあります。そんな子供でも安心して学べる場所であってほしい。）
・先生の笑顔がいつも見られる場所であってほしい。笑顔が見られることが心の安定に繋がっていました。

家族ごっこ

Ｂさんは、一年生のときから「たんぽぽ」を利用していた。四月の入学当初から母子分離が難しく、毎朝、母親が一緒に登校していた。最初は、教室に入り、母親が教室の後ろで椅子に座って一緒に授業の様子を見ていた。しかし、ある日、担任の先生が他の児童を抱きかかえて教室にいれようとしている姿を見てから、怖くて入れないというようになってしまった。また、学校のことだけではなく、家族関係においても今後取り組んでいくべき課題が見え、カウンセ

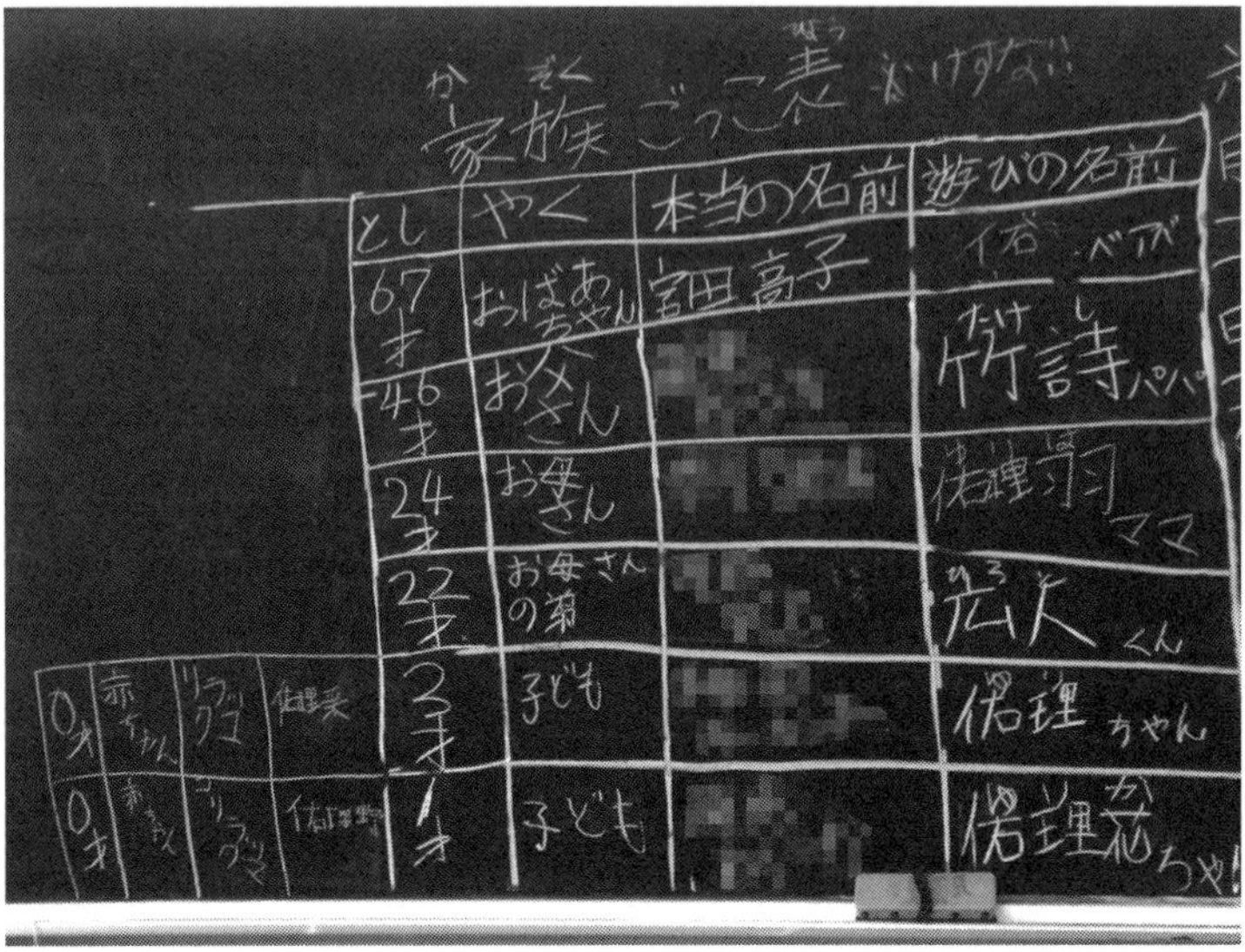

写真18（一部加工した）

ラーの先生と一緒に支援の方法を検討した。

そんな彼女が、「たんぽぽ」の常時メンバーを家族と見立て、「たんぽぽ」での名前や役割を決めて遊ぶようになった。**（写真18）**

毎日保護者と登校している彼女にとって、家のように安心できる場所になるには、学校においても家族が必要であったのか。この遊びは、はじめは会社ごっこで、本人は社長であったが、次に家族ごっこへと変化し、本人は母親役だった。遊びを通して関係を作る中で、彼女は少しずつ、学校の中に彼女の居場所をつくっていった。

そして彼女は、四年生になったとき、一人で登校し、教室に行くようになった。

三年間という年月が彼女には必要であったのだ。

六年生では登校班の班長になって、下級生をまとめて登校するようになり、運動会では応援団長になり、児童会では会長にもなった。中学生になってからは、友達を連れて子ども食堂にも遊びに来てくれるようになった。現在高校生の彼女に、六年生の時のことを聞いたら、こんな風に答えてくれた。

「六年生の時は、授業も給食もすべて教室で参加でき、学校が楽しくてしょうがなかった。応援団長は、自分が二年生の時、教室に行けないとき、仲良し学年で一緒だったお姉さんが応援団長しているのを見てあこがれていたから挑戦してみた。児童会会長は小学校最後の年、自分自身に自信をつけたくて立候補した。何を言ったか具体的に覚えてないけど、自分がなったらやってみたいことをみんなに思い切って伝えたら選ばれたんだよね」と。

電話口で「私一年生から教室入れなかったでしょ。でも、六年生の時は、授業も給食も、みんなと教室で一緒にできて、ほんとにほんとに学校が楽しくて楽しくて」という弾んだ声を聞いていたら、思わず泣きそうになった。一年生の時、昇降口で毎朝泣き叫んで「帰る」と言っていた彼女の口から「学校が楽しくてしょうがなかった」という言葉が聞けただけで、学校のなかに居場所をつくる意味をさらに伝えていきたいと思った。

アンケート回答

◎本人

1　**あなたにとって「たんぽぽ」とはどんな場所でしたか？**
教室より安心出来て気使わなくても過ごせる所。

同じ気持ちの人が多くて安心して過ごせました。

2　**もし「たんぽぽ教室」がなかったら、小学校生活は変わっていましたか？**
変わってたと思う。やっぱり教室行くのも学校行くのも憂鬱だったので、たんぽぽがあった事すごく安心材料になりました。保健室とかよりもすごく家の雰囲気というか友達も出来て嬉しかった。

3　**自分にとって、「学校」とはどんな場所ですか？**
勉強をやらなきゃ、とか友達と上手くやらなきゃって少し気を張りすぎて疲れちゃう場所。楽しい時もあるけどそれよりも辛かったり疲れちゃうことの方が大きい。

また、その当時何を求めていましたか？

求めていたものは、当時はあんまり自分の気持ちを言うのが得意ではなかったので、もう少し話しやすい雰囲気を作って欲しいと思ったことはありました。

4　**成長した今、小学校時代を振り返り、何があったらよかったと思いますか？（制度・環境・**

考え方なんでもよいです)

学校に行けない、教室に入れないっていう気持ちに対して、こうするからおいでよって言われるのがすごく苦手でした。自分は特別扱いされちゃってるのかなとか、それでなにか言われたらって結構考えてました。

5 **学校内に特別支援教室は必要(不必要)だと思いますか?(理由も教えてください)どんな教室なら良いと思いますか? あなたが理想と思う特別支援教室の姿を教えてください。**

必要だと思います。自分が経験したからか、今思えばたんぽぽがなかったら学校行けてなかっただろうなってすごく思うし、何かあったときに少しは逃げる場がある事で安心材料になってました。

理想はやっぱり、学校に行けない気持ち、教室に入れない気持ちを少しでも理解してもらえてそれを受け止めてもらえたらいちばん嬉しいです。

◎保護者

1 **「たんぽぽ」はお子様にとってどんな場所だと思っていましたか?**

うちの子は小一の夏休み後から学校を嫌がり出しました。

それから私が一緒に学校まで送っても教室に行く事を拒み、先生のお声かけでたんぽぽ教室へ。家庭の事情もあってか私から離れる事を嫌がる事もあり、たんぽぽ教室で一緒にいれるのが安心出来たのかもしれません。

大勢の中に入る事や大きな音、ざわついた音が苦手で、たんぽぽ教室は少人数で落ち着いた教室なのが娘には良かったのではないでしょうか。

たんぽぽ教室では一年生で上級生が相手してくれたり、先生がいつもそばにいて、自分を見ていてくれるのも娘にとっては安心だったのかもしれません。

自分に注目、関わってもらえる事を喜んでいたと思います。

ある出来事から一ヶ月半学校を休んだ後、学校へ行けるようになったのも、たんぽぽのおかげだったと思っています。

2　**特別支援教室は学校に必要（不必要）だと思いますか？　理由も教えていただけると助かります。**

私はあった事で助かりました。

たんぽぽ教室がなかったら親だけで対応するのに限界があったと思います。

子供の特性や色々と苦手な事があり、教室での学校生活が苦痛で学校へ行けなくなる事が、学力の遅れ、外の生活での経験が出来ないなどマイナスに思えます。

たんぽぽをキッカケに教室に行けるようになる生徒はいると思います。

中学、高校、大学といずれ社会に出て行くのに、苦手や特性がある事で辛くなる前に少しでも集団生活や社会生活に慣れて行くためにも、たんぽぽでの経験が活かされたらともいます。

3　**理想とする特別支援教室の姿があれば教えてください。**

娘がたんぽぽの時、たんぽぽ教室が一年生の教室の並びだったので、同学年の生徒が休み時間などに廊下を歩くので扉の隙間から覗かれたり騒がしかったので、教室は少し離れた所だったら良かったなと思ってました。

空き教室では無く、周りを気にせず落ち着いた時間を過ごせる教室専任の先生が常に居てくれたら。

「養護教諭になろうと思います」

大学三年生のCさんは、今は養護教諭を目指して看護学部に通っている。

彼女が大学一年生の夏休みに久しぶりに再会した。実は、前日に約束していたが、待ち合わせの時間から二時間たっても現れず、メールもなく電話にも出ないので、しょうがなく家に帰ってきた。すると、夕方にＬＩＮＥが来て「寝てしまってました。明日、帰る前に会いたい」といわれ、再度約束の時間と場所を決め、再会することができたのだ。

通っている大学のこと、今目指していることを楽しそうに生き生きと話す彼女に、喜びと感動でいっぱいになり、じぃーっと彼女の顔をしばらく眺めてしまった。

彼女との出会いは、小学校一年生のときである。私は横浜市で正規の教員になって二年目で、初めて一年生の担任になったときだった。

元気なクラスの中でも、とりわけ元気な彼女は、男の子ともぶつかり、よくケンカをしていた。自分の意志が強く、納得するまで行動をかえることがなかった。遅刻も多く、クラスに来ても、準備をせずに、ランドセルを机に置いたまま、好きな本をずうっと読んでいたりしていた。

休み時間が終わっても教室に戻らず、探しに行くと、「ここが落ち着くの」と言って、校庭の中の好きな木のそばにしゃがみこんでいたこともあった。

学習はとてもよくでき、テストの成績もよかった。

そんな彼女が高学年になり、少しずつ生活リズムが崩れ、夜眠れなくなり、朝起きられない生活が続いた。どうにか学校に来てもからだがついていかない。少しでいいから眠りたい。横になりたい。

「熱もないし、具合も悪くないけど、ただ横になりたい。ここで少し寝たらだめかな」と言って「たんぽぽ」に来るようになった。時間を決めて休むようになり、その後クラスに行くようになった。休み時間は、時折来て、低学年の子の面倒をよく見てくれた。

ある朝、電話しても応答がなく、家に行き、何回もチャイムをならした。一〇分くらいして、やっと出てきた。

目をこすりながら、「二度寝したみたい。今から用意する」と言い、支度をしに、自分の部屋に行った。玄関で待ち、やっと一緒に学校に向かっていたら、突然「あっ、忘れた。先生、家にもどっていいかな」と聞く。

「どうしたの?」というと「昨日作ったカレーに火を入れなかったから、あのままじゃ、いたんじゃう」と答える。「冷蔵庫に入れてきたら」というと「鍋いっぱいだから冷蔵庫に入る量じゃないんだ。今夜食べるつもりで」と言う。また、二人で家に戻り、カレーに一度火を入れて温めてから学校に向かった。

保護者の教育方針で、一年生のときから自分のことは自分でしていた。掃除・洗濯・食事。時には運動着が乾かなくて、学校に来られない日もあった。そのことで、彼女は計画的に洗濯もするようになったし、家事は一通りできるようになった。しかし、どうにもならなくなったときがきた。そのことに関しては、詳しくは書けないが、彼女は六年生の途中から、寮のある私立の学校に編入し、親元から離れて学校に通うようになった。

私自身、その後勤務先も変わり、中学生の彼女とは連絡はあまりとっていなかったが、ある日突然、横浜市のある区役所から電話がかかってきた。「中学生が一人で転入手続きに来ており、保証人としてあなたの名前と電話番号を教えられた」という。本人と電話を替わってもらうと、横浜の高校を受けたいから、こちらに戻ってきて手続きをしようとしたという。区役所の方には、私との関係を話し、手続きについて説明を受け、その後、在籍していた中学とも連絡を取り、無事に転入することができた。

しかし、中学生である。彼女には子どもとして生きる時間が必要である。「困ったとき、助けを求めることができる」「わがままを言える」「甘えられる」――それらを受け止めてくれる大人が必要である。仕事が忙しく、一人ですべてを支えている母親とともに、彼女を支えてくれる大人を探す必要があった。

すると幸いにも、信頼できる方々が手を挙げてくれた。一人は、彼女の近所に住む民生委員のAさんである。Aさんは、必要なときにいつでも家に彼女を招き、食事を出し、話を聞いてくれた。朝起こして、車に乗せ、学校まで送り届けることが何度もあった。

彼女はそんなAさんに心を開き、なにかあるごとに相談して行動するようになった。そして、彼女は大学生になった今でも休みごとにAさんの家に泊まりに来ている。もう、親戚のような付き合いである。遠くに住む祖父母や叔母も助けてくれた。

高校生になるとき、母親との関係に距離を持つことが必要と考え、彼女は一人暮らしを始めた。バイトをしながら定時制高校を三年で卒業し、推薦入学で大学に進学した。

彼女は、中学でも高校でも、周りの大人にヘルプを求め、自らの道を進んでいった。

大学生になった彼女は、別れ際にこう言ってくれた。

「先生、ありがとうね。私、『たんぽぽ』にベッドがなかったら、学校いってなかったよ」と。

そして、帰り際に「これ、ママから」と言って、ケーキの箱を手渡された。

「昨日先生をすっぽかしちゃったことを話したら、夜ママが焼いてくれたの」と言われた。彼女の母親とは何年も会っていないし、言葉も交わしていないが、そのシフォンケーキから彼女と母親との関係がここまで変わったかと思うと泣きそうになった。

アンケート回答

◎本人

1 **あなたにとって「たんぽぽ」とはどんな場所でしたか？**

私にとってたんぽぽ教室は、学校は行きたくないけどたんぽぽならって思えた場所。学校にいこうかなって思える理由の大部分。

2 **もし「たんぽぽ」がなかったら、小学校生活は変わっていましたか？**

変わってたと思う。たぶん高学年のときになかったら学校に行っていない。

3 **自分にとって、「学校」とはどんな場所ですか？**

私にとっての学校は、小、中、高って全部イメージが違うもので、小学校は給食を食べる場所、中学校は寝る場所、高校は友達に会う場所。

当時求めてたのは私（子ども）に向き合って話を聞いてくれる人。

途中素直に受け取れなかった時もあったけど、小、中、高って全部にそういう人がいてくれたから今の自分があるなと思ってる。こう素直に受け取れない人がいるかもしれないから根気強さもある人。

4　**成長した今、小学校時代を振り返り、何があったらよかったと思いますか？（制度・環境・考え方なんでもよいです）**

身体検査とかみたいに、カウンセリングもみんなに定期的にあるといいかもしれないなと思った。それがあるのがふつうくらいの感じで。

5　**学校内に特別支援教室は必要（不必要）だと思いますか？（理由も教えてください）どんな教室なら良いと思いますか？　あなたが理想と思う特別支援教室の姿を教えてください。**

必要。

たんぽぽにいる時は、学校の他の場所にはいたくないけどたんぽぽならっていう時だから。そういう風に、ここなら大丈夫っていう場所があることは精神的な支えになったり、そこから少しずつ大丈夫って場所を増やすための足がかりになると思うから。

先生みたいに子どもの話でもちゃんと聞いて向き合ってくれる、そしてそれが出来ることなら、実行してくれる人がいてくれる教室が理想だと思う。

個人的な好みの話をすれば本と漫画とベッドがある教室。

◎保護者

1　**「たんぽぽ」はお子様にとってどんな場所だと思っていましたか？**

子供にとって安心して行ける場所、楽にいられる場所、味方と思える人がいる場所。

2　**特別支援教室は学校に必要（不必要）だと思いますか？**

学校に必要。

子供が安心してすごし成長していくために、1で回答したような場が必要だと思うため。安心してのびのびと力を発揮できる状況をつくるのが大事。

3　**理想とする特別支援教室の姿があれば教えてください。**

2で回答したことが実現できるのであればよい。

子供たちそれぞれ、資質や能力や性格など異なるので、一概にこんな形がいいと決められるものではないと考えます。

いろんな形のところがあり子供が合う場所を見つけられるとよい。

「今、オーストラリア」

この本を書くにあたって、卒業生にアンケートをお願いするために連絡を取ると、大学生のDさんから帰ってきた返事は「今、語学留学のためにオーストラリアについたところ」であった。

びっくりして連絡すると、「一年間休学して、個人で語学学校に通ってます。今日ちょうど来月からの家が決まったので、明日から職探し始めます」という。繊細で自分のクラスに入れなかった彼女の変化に、そのたくましさに、うれしくなった。

Dさんは、低学年のとき、横浜から仙台に転校し、五年生になったときにまた横浜に戻ってきた。友達も学校もよく知っていたが、六年生のときに教室に入ることができなくなってしまった。六年の四月の最初は、休み時間に「たんぽぽ」にいる友達に会いに来てくれていた。しかし、四月中旬の朝から、彼女自身が「たんぽぽ」にくるようになった。「クラス内のザワザワに反応してしまう。頭痛がするが、学校には行きたいので、クラスは一時間で、それ以外は『たんぽぽ』か保健室で過ごさせてほしい」という手紙が保護者から届いた。「たんぽぽ」の中にいても、同学年の子との気持ちのすれ違いに傷つき、泣きだす。保護者の迎えが本人が希望した時間より一時間遅くなることを伝えると、学校を飛び出して一人で帰ってしまうこともあった。

中学は、受験して希望の私立中学校に行ったが、一年で辞めてしまった。公立には籍だけ置き、不登校の状態になった。しかし、彼女は自分で時間割を作り、「学習は塾で、運動はスポーツジムで、音楽はウクレレ教室で」と話していた。中学三年になると「行きたい高校決まったんだけど、内申点が関係あるから、学校に行くことにした」といい、学校に通い始めた。

神奈川県の公立高校の入試では、第一次選考の基準として内申点と入試得点の二つの要素が考慮される。内申点は中学二年生と中学三年生の九教科の成績を五段階評定で点数化し、合計で一三五点満点となる。中学三年生の成績は二倍に計算され、一部の高校や学科では三教科の範囲内で特定の教科を重点化することもできる。入試得点と内申点との比率は各校が合計一〇になるように設定し、「2：8」から「8：2」の範囲で決まる。内申点と入試得点の合計点で合否が決まるため、入試の得点が高くても内申点の評価が低ければ不合格となる可能性もあるのである。高校合格に向けて、彼女が自分で立てた計画は無事実行され、希望校に合格できた。

「小中はしんどかったけど、高校は楽しいよ」といい、バイトをし、友達とよく旅行に出かけていた。大学では社会教育を専攻し、校外学習のボランティアとして私の勤務校に来てくれたこともあった。

校外学習のボランティアには、小学校高学年となって初めて行われる一泊二日の宿泊学習のお手伝いをお願いする。一緒に宿泊する中で、こまごまとしたお手伝いがたくさんある。特に、初めての宿泊学習に戸惑う子どもたちにとって、自分たちと年齢の近い大学生のボランティアは憧れでもあり、頼りやすく話しやすい存在となる。彼女は子どもたちと関わりの中で、特に、集団になじめず、キャンプファイヤーなどに参加できないでいる児童に、こちらから何も言わなくても、程よい距離で寄り添ってくれた。私も安心して子どもたちのことを任せることができた。

オーストラリアに留学しているDさんからのLINEにはこう書かれていた。

「人生で一番濃い一か月だった気がします笑　あと七か月楽しみつつ頑張ります」と。

彼女が自分のペースで考え行動できるように、環境を整えてサポートした保護者、しかし、それ以上に「これは、私の人生。私が決める」と自ら動き出した彼女に拍手を送りたい。

現在、大学四年の彼女は就職も決まり、必要な単位も取り終え、卒業までの六か月、アイルランドで過ごしている。「自分の人生を主役として生きる」、それが彼女の力になっている。

アンケート回答

◎本人

1　あなたにとって「たんぽぽ」とはどんな場所でしたか？

家以外で自分が疎外感を感じないで過ごせた場所。

「ふつうの教室」では、いろんな人の声や物音が交じり合っていて、小学生の頃の私にはそのたくさんの情報をうまく処理することが難しく、すべての音に敏感に反応してすぐに疲れてしまっていたのだと思う。その環境に適応できるのが普通で、それができない自分は変なのだと疎外感があったため、情報量が少なく、ゆっくり自分のペースで情報を処理して行動できた「たんぽぽ教室」は学校で唯一、安心して生活できる場所だった。

2　**もし「たんぽぽ」がなかったら、小学校生活は変わっていましたか？**

「たんぽぽ教室」が無ければ小学校に通うことをあきらめていたと思う。「たんぽぽ教室」を通して学校に通うことができて、毎日教室に行くことができない子がいることを、周りの人が理解してくれていたことで、「たんぽぽ教室」以外の友達との関係も維持できた。「ふつうの教室」にも居場所をつくる手伝いをしてもらえて、修学旅行にも参加することができて、小学校での楽しい思い出を作ることができた。

3　**自分にとって、「学校」とはどんな場所ですか？**

色んな人に同じ方向を向かせようとする場所。

以前よりは個性を大切にするような教育が行われるようになったと思うが、自分の意見を持ちつつ、結局はみんなで一つの結論を出すように求めていると感じる。授業も基本的に生徒が先生の方向を見て行っている。みんなで同じことをする力も大切だと思うが、個人で解決しなくてはいけないことのほうが遭遇する機会は多いと思う。

また、その当時何を求めていましたか？

自分のペースで物事を進められる時間、環境。

家族や友達からの理解。

4　**成長した今、小学校時代を振り返り、何があったらよかったと思いますか？（制度・環境・**

考え方なんでもよいです）

学校は絶対に行かなくてはいけない場所だという世間的な考えが無ければ気持ち的に楽だったと思う。苦手な教科と得意な教科はそれぞれ違うと思うので、生徒ごとに異なる課題を与えるなど、個人を尊重した教育制度があれば、あの子だけずるい、特別扱いされていると周りが思うことも少なかったのではないかと思う。

5　学校内に特別支援教室は必要（不必要）だと思いますか？（理由も教えてください）どんな教室なら良いと思いますか？　あなたが理想と思う特別支援教室の姿を教えてください。

必要。

学校や教室に行けない子どもとひとくくりにされない場所。私自身、不登校としてひとくくりにされて、中学時代、学校に行かないで家と塾で勉強するという選択を自分で納得して行ったのに、学校に行けない「病んでる人」という扱いをされることに苦痛を感じた経験がある。「学校を休む」、「すべての授業を教室で受ける」という二つの選択肢しかないことで、苦しんでいる生徒はいると思う。例えば、この授業だけはどうしても教室で受けるのが苦手だとか、保健室で寝て過ごすほどではないけど気が重いなど、誰もが遭遇しうることだと思う。そこで中間の選択肢として特別支援教室があると、子どもたちはよりのびのびと学校生活を送ることができるのではないかと思う。

◎保護者

1 **「たんぽぽ教室」はお子様にとってどんな場所だと思っていましたか？**

子どもにとっても、親にとっても、学校とのつながりを維持できる場所だと思っていました。

我が家の場合、子どもは、クラスという集団の中で日々過ごすことは苦手でしたが、かといって、同じ年頃の子どもたちと交わりたくない、と思っていたわけではなく、むしろ人恋しさを抱えていたと思います。たんぽぽ教室は、学校に馴染めない気持ちを抱えた子どもたちが集っていて、そうした気持ちをなんとなく共有しながら、お互いのことを理解し合う場所だったと思います。当時も、今も、学校（クラス）に行かれない子どもは、周囲から、我儘だ、とか、弱い、とか思われてしまう傾向があるように思いますが、たんぽぽ教室では、そうした視線をあまり感じることなく、縮こまらず過ごせていたと思います。同じ学年だけではなく、多学年の子どもが教室に出入りしていたことも、思いやりや気遣いの気持ちが育って、よかったのではないでしょうか。家族のような温かさがあったように思います。

2 **特別支援教室は学校に必要（不必要）だと思いますか？　理由も教えていただけると助かります。**

必要だと思います。

不登校のまま、一度も学校に行かずに卒業することもできるのでしょうが、同じ年頃の子どもたちや先生と交わり、「社会」を感じて過ごす経験は、とても大切なことだと思います。我が家の場合も、たんぽぽ教室があったからこそ、今でも、小学校時代の思い出を子どもと楽しく語り合える、と感じています。学校に行きたくなくても、教室に入れなくても、自分を受け入れ、認めてくれる場所があることは、子どもにとっての安心であり、自己肯定感を失わず、成長していけることにつながると思います。

3 理想とする特別支援教室の姿があれば教えてください。

不登校の子ども支援のことに限って、思っていることを、伝えさせていただきます。

毎日学校に通うことを、「普通」「当然」と考えなくてもよいのではないか、と思ったりしています。学校に行くことが苦しい子どもには、別枠のシステムがあれば、子どもも親も、もう少し楽に「不登校」を受け止められるのではないか、と。学習は、主に家で、通信教育やリモート授業などで行い、社会と交わるための場所として、支援教室があり、そこには子どものペースで自由に通う。クラスに戻るエネルギーが出てきたら、本人の意思に沿って、クラスで過ごすことができる。……そうした仕組みが、学校内に普通に存在するようになれば、いいのですが。

「言葉にしよう」

高校二年生になったE君から「先生、子ども食堂まだやってますか？　手伝わせてください」と連絡があり、久しぶりに再会した。E君はすっかり大人びていて、私にも敬語を使って話していた。

彼との出会いは、小学五年生のときである。遅刻が目立ち始め、最初は母親が朝一緒に登校してきた。しかし、だんだん朝起きられなくなって、保護者は仕事があるので出かけると、その後に本人が起きだすという生活になり、欠席が続いた。

本人・保護者と一緒に話し合いを持ち、まずは起きたら自分で学校に電話し、宮田と話して、その日どうするかを決めることとした。毎朝「おはよう」と互いに言うことからスタートし、少しずつ関係を築いていった。そのうち、ぼそぼそと自分の気持ちを伝えてくれるようになり、一緒に学校での過ごし方を決めていった。

また、同じマンション内の彼が「おじちゃん」と呼ぶ独身の男性と知り合って家を訪れるようになり、ゲームなどして過ごすことのできる居場所を見つけた。父親との関係に悩んでいた彼は、「おじちゃん」との関係によって、心のバランスを取りながら生活していた。当初「おじちゃん」の存在に学校側も保護者側も否定的だったが、彼が言っていた通り、何事もおこらず、現在も良き居場所となっているとのことであった。子どもたちの言葉には耳を傾ける必要がある。

五年生のとき、「宮田先生、わからないように、クラスを見に来て。先生や校長先生が見てないときの先生（担任）の姿を。僕は彼のことが信じられない」と相談された。子どもたちからも保護者からも人気のある担任だったので、はじめ彼が何を伝えたいのかよくわからなかったが、その後、その担任は問題を起こし、教育現場から離れていった。大人たちには衝撃的だったが、彼が「やっぱりね」と言ったのが、今でも忘れられない。

現在、通信制の大学に進み、写真の勉強をしている彼に、「今の小学生に伝えたいことがあったら、書いてみない？」と言ったら、送ってきてくれた文章は以下のものである。

「言葉にしよう」（ChatGPT）

誰しも生きていて様々な場面で自分の感情を言葉にして出すことがあると思います。感情は人によってばらばらで、怒り悲しみなど大まかには伝えることができるでしょう。でも、なんで怒ってるのか、なんで傷ついてるのかということを相手にも分かる言葉で伝えないと、それが喧嘩に繋がってしまうかもしれません。ではどうやって相手に伝わる言葉に変えればいいのでしょうか、それにはまず自分を他の人の視点に立って見直さなければなりません。その為のいくつかの方法を挙げます。

①色んな物にふれてみる——YouTubeやアニメや漫画、小説、ＳＮＳなどなんでもいいです。あるいは外に出て見て普段見ないようなものに目を向けてみましょう。ただそれをいつものように見るだけじゃなくて、なんでこれってこんなに面白いんだろう？ なんでこんなに嫌な気持ちになるの？と自分に対して質問してみましょう。それを繰り返していくと、自分の気持ちが整理されて、今まで知らなかった自分の一面を知ることができます。

②日記を付ける、文字にする——自分が体験した色んな感情について文字にしてみましょう。今日あった事から、あるいはこんな事が起こったらいいななど、面白い！ 楽しい！ ムカついた！ など大ざっぱなこともいいですが、なんかモヤモヤする、心に引っかかってる、どうしても納得できないなど自分の中で整理のついてないものほど、言葉にすることで効果があると思います。

③実際に人と話してみる——これが一番重要で、一番むずかしいです。人を前にして話すとどうしても自分の本音が出せないという人もいると思います。そんな時は思い切って「あなたには本音で話せないんだよね」と言ってみてもいいかもしれません。と言うのは冗談ですが、実際に人と話すことで感情を言葉にする練習にもなりますし、自分が思ってる感情について相談したりすることで新たな答えにも繋がります。

今回の文章は話題のＡＩ、ChatGPTさんに協力を仰いで作成しました。ほとんどは私の言葉に置き換わってますが、ChatGPTさんに感謝です。

「遊ぼう」

最近ではコロナ渦による静かだった社会が終わりを見せ始め、いい意味でも悪い意味でも賑《にぎ》やかさを取り戻していると思います。

さて、今回は「遊ぼう」というタイトルですが、そのままの意味です。兎《と》に角《かく》遊びましょう。やりたいと思ったことをどんどんやりましょう。

昨日までは遊びではなかったような事も今日から遊びに変えていきましょう。という事を態々《わざわざ》言われなくても皆さん遊びたいと思います。

でも遊べていないのが現状です。それは何故でしょうか。楽しく遊べる方法を知らないからです。

図工の授業で先生に「さぁ自由に描いて」と言われて、何を描けばいいのか思いつかないなんて人も多いと思います。

同じです。私達は普段ルールという物にそって生きています。その中でルールはどんどん増えていき、同時に遊び方はどんどん減っていきます。そんな減った遊びの中で、いきなり好きにしていいよと言われても、どう遊べばいいのか迷ってしまっても不思議ではありません。普段から楽しいよと言う人はそのままで大丈夫です。

でも、最近あまり楽しくないという思いをしている人は、イメージしてください。今日やった事がどうすればもっと楽しかったろうか？　ここでは具体的な方法は教えません。というか教えることができません。人にはそれぞれの楽しいことがあり、それぞれの遊び方があるからです。

ここで言いたいことはただ一つ。いつもやっていることに少しだけ変化を加えて楽しくするということだけです。それが遊ぶということです。そしてこの文章がつまらなかったという方は今すぐ忘れてください。つまらないことを覚えていることがあなたの遊びの邪魔になるからです。

アンケート回答

◎本人

1　**あなたにとって「たんぽぽ」とはどんな場所でしたか？**

学校の中で自分が落ち着ける唯一の場所でした。

2　**もし「たんぽぽ教室」がなかったら、小学校生活は変わっていましたか？**

間違いなく変わっていたと思います。

3 自分にとって、「学校」とはどんな場所ですか？

今となってはいい場所で、当時の自分にとっては凄く閉鎖的な場所でした。

また、その当時何を求めていましたか？

自分の居場所と自分を説明できる言葉です。

4 成長した今、小学校時代を振り返り、何があったらよかったと思いますか？（制度・環境・考え方なんでもよいです）

気軽に誰でもディスカッションできる場所。

好きな授業だけ受けられたらいいな、なんて思います。

5 学校内に特別支援教室は必要（不必要）だと思いますか？（理由も教えてください）どんな教室なら良いと思いますか？ あなたが理想と思う特別支援教室の姿を教えてください。

絶対必要です。これからさらに需要が上がると自分は思います。

今の時代、学校に行く、その場で授業を受けるという必要性は下がって来たように感じていて、それでも人にとって、さらに言えば小学生にとって心の発達段階で他の人と同じ空間で過ごしたり、同じコミュニティに所属していると言う認識は必要です。でも、その所属している場所が精神的に悪いものであったなら、その人にとって残念な時間になってしまうと思います。

勿論悪い結果だけでなく、いい意味でも成長の機会になることもあります。でもそれは小学校を卒業した後にそう感じるようになれただけです。
どうせなら少しでも自分にとって理想的な場所で勉強できた方が楽しいし、有意義な時間になると思います。なので自分にとっての理想的な特別支援教室とはコミュニティに所属している認識をしっかりと持つことができて、尚且つ視野の狭まらない閉鎖的でない教室が理想だと思います。

◎保護者

1　「たんぽぽ」はお子様にとってどんな場所だと思っていましたか？

学校の中では安心して過ごせる場所の一つだったと思います。大勢の生徒がいる教室で、皆と同じように一日を過ごすことが苦手な子供にとって、少人数でマイペースに過ごせること、たんぽぽの先生が自分のことを理解しようとしてくれることは、安心に繋がっていたと思います。

「学校は行きたくないけど、たんぽぽが開いてるなら行っても良い」と言って登校したのを思い出します。たんぽぽが開いてないときは、帰りたいと言って困ったことが何度もあったと記憶しています。

2　特別支援教室は学校に必要（不必要）だと思いますか？　理由も教えていただけると助か

ります。

必要だと思います。

学校が苦手な子にとって、安心して過ごせる場所があれば、不登校という問題は解消出来ると思います。不登校の状態でも、本人や周りの家族が心身共に健全に過ごせる環境があれば良いかもしれませんが、多くの場合は難しく負のループに陥ってしまうことが殆どだと思います。特別支援教室があることで、負のループに陥ることは防げるのではないかと思います。

子供にとっても親にとっても社会にとっても、必要な場所だと思います。

3 理想とする特別支援教室の姿があれば教えてください。

毎日利用出来て、子供が自分のペースで安心して過ごせる場所が理想です。

その前提として、教員不足が理由で教室の設置が安定しないというようなことにならない様、ボランティア（例えば、その分野に関することを学ぶ大学生等）の協力を得る等の体制作りも必要だと思います。また全ての学校の先生の理解も必要だと思いますので、先生方が学ぶ機会があると良いと思います。

学校が苦手な子（特別支援教室を利用する子）に理解がある学校、更には世の中になった上での特別支援教室であることが理想ですが、それはかなりの時間と労力を必要とすると思います。

どの学校にも特別支援教室があるのが当たり前で、どんな子にでも居場所があるような学校になったら良いなと思います。

「誰かの役に立ちたかった」

F君との出会いは小学校四年生のときである。地域の民生委員の方から「気になる子がいる」と相談があった。そして、そのころから、遅刻や無断欠席が目立つようになった。彼と話していくうちに、外側からは見えない寂しさが押し寄せてきた。はじめは「先生、ベッドのシーツってどうやったらきれいになるの」という質問だった。話を聞くと、昨夜気持ちが悪く吐いてしまい、汚れたところは拭いたが、臭いが取れない、ベッドに寝れず、ソファに寝ているとのことだった。頭もよく、金銭的にも裕福な家庭の一人っ子で、友達も普通にいる男の子だった。しかし、家の中は、両親の不仲により、家族三人での食事は誕生日のときだけ、今年はそれもなかったという。父は仕事で忙しく、帰りは二二時過ぎ。母は自分の部屋に鍵をつけた。

小学四年の彼はいろいろな思い、疑問を一気にぶつけてきた。一教員だけで解決できるものではなく、でも、わかっていることは「助けて」と言っている目の前の一人の男の子の叫びがあることである。本人、両親との面談を重ねるとともに、区役所、児童相談所など様々な関係機関と連絡を取り合いながら話し合いを続けていった。「学校に好きなものを持ってきていいよ」というと、ある日、大きなスーツケースを転がしてきた。中には、たくさんのプラレール（タカラトミーの鉄道玩具）や、電車の模型が入っていた。二人で教室に並べて遊びながら、話を聞いていた。

なかなか話が進まない大人たちのあいまいな対応に反発するように、彼は家を飛び出し、一人で旅行に行くようになった。はじめは伊豆諸島ぐらいだったが、最後は北海道まで行っていた。彼は外へ外へと逃げ場を求めていった。

「先生、学校って必要ですか?」という彼の声にこたえるために、できることは何か必死に探し、正直に話した。子どもの「学ぶ権利」についても話し、学校内でできる学習についてはは既成概念にとらわれず様々な試みを行った。彼の声を聴き、子どもたちの学校以外の居場所づくりの必要性も痛感し、子ども食堂を立ち上げた。月一回であるが、放課後一緒にご飯を食べながら話をする。そんなことしかできなかった。

小学校六年生のとき、父親の職場の近くに引っ越して行ったが、転入先の学校から、一日も登校しない、連絡も取れないという電話があり、訪ねていった。新しくきれいなマンションのリビングいっぱいにプラレールがおかれてあった。冬景色にしようと思って白い粉を散らしたといい、聞くと粉砂糖だという。「いやあ、これでは虫が来るよ」と言い、二人で笑いながら片づけたのが昨日のことのようである。

その後、中学生になり、はじめは学校に行ったが、そのあとは行かずに、家庭教師をつけて勉強しているとのことだった。

そんな彼が高校生になり、突然子ども食堂に来た。

「久しぶり」と声をかけ、ご両親の話を聞くと、小さな声で母親が亡くなったことを話してくれた。

母親が家出をし、連絡がとれなくなっていたら、警察から電話が来て、海に飛び込み死んだことを知ったという。「最近一緒にくらしてなかったからね」と言っていたが、小学生のころから母親を求め葛藤していた彼の姿が重なり、声も出ず、下を向くしかできない自分がいた。でも、ここに訪ねてきてくれたことには感謝しかなかった。小学生の彼にぶつけられた痛みから模索し、スタートした子ども食堂。そこに、彼が痛みを持ちながらも、自分の足で歩いてきた。

彼は高校生から一人暮らしも始めたといい、照れくさそうに「ここに来ると一食浮くから、来ただけだよ。だから、来月も来ようかな」と言った。電車賃をかけて、食べに来てくれる彼の背中に「がんばれ」と声をかけた。

彼は、自宅学習で高等学校卒業程度認定試験（高認試験）を受け、一浪して、今年医学部へと進んだ。高校を卒業していない場合、文部科学省が定めた高認試験に合格することで大学受験の資格を得ることができる。高認試験は、高校を卒業した人と同等以上の学力があることを認定する試験である。

「なんで、医者を目指しているの？」と聞いてみた。

「なんか、わからないけど、小さいころから誰かの役に立ちたいと漠然と思っていて、今、その中で医者かなと思っている。救急救命か外科を目指している」

「ごめん。そんな風に思っていたんだ。全然わからなかった」

「うん。電車乗って、好きなところ行って、そこでいろんな人と出会ってさ。色々話聞いたりして、自分も誰かの役に立ちたいなとずうっと思ってたんだ」

子どもたちの声を、もっと深く聴いていかないといけないと教えられた思いがした。

アンケート回答

◎本人

1　**あなたにとって「たんぽぽ」とはどんな場所でしたか？**
普通にクラスの一員として学校に行くことが難しい中、学校に行く動機付けにはなっていたと思います。

2　**もし「たんぽぽ」がなかったら、小学校生活は変わっていましたか？**
恐らく社会生活から完全に外れてしまい、ひたすら趣味に溺れ、ずっと小学校四年生の精神のまま過ごしていたと思います。

3　**自分にとって、「学校」とはどんな場所ですか？**

現在では社会構造を体現している、社会生活を学ぶ場所であると考えています。

また、その当時何を求めていましたか？

当時は勉強という頭が一切なく、友達に会えること、友達と交流する場所と考えていました。

4　**成長した今、小学校時代を振り返り、何があったらよかったと思いますか？（制度・環境・考え方なんでもよいです）**

正直十分すぎるほどの支援を受けたのであまり特筆することはないですが、あって良かったものは学校生活への復帰を定期的に促してくれたことでした。結局完全に戻ることはありませんでしたが、今考えると精神的にとても助けられていたなと実感します。

5　**学校内に特別支援教室は必要（不必要）だと思いますか？（理由も教えてください）どんな教室なら良いと思いますか？　あなたが理想と思う特別支援教室の姿を教えてください。**

必要だと思います。やはり一定数、学校生活に馴染むことが困難な子供はおり、学校は教育機関としてそんな子供たちを社会に馴染める手助けをする義務があると考えているからです。ただ、そんな義務の中で先生方にも限界があることや、一部自分のように心の甘えから特別支援教室を利用する子供もいることから、本当に利用者に支援が必要なのかを確認できるしくみを作って行くことが理想ではないかと考えます。

◎保護者

1　**「たんぽぽ」はお子様にとってどんな場所だと思っていましたか？**

息子の不登校に関しては、父親である私も心が折れそうになりました。たんぽぽは、子供が唯一安心できる場所なのかなと感じていました。

2　**特別支援教室は学校に必要（不必要）だと思いますか？**

もしこのようなサポートを受けられなかったら、今の息子はどうなっていたかわかりません。

たんぽぽの出来事を息子がよく話してくれたのを覚えています。同じような境遇の子もたくさんみましたが、支援教室のおかげで自分に自信を持てた子供はたくさんいると思います。

3　**理想とする特別支援教室の姿があれば教えてください。**

どこのフリースクールも満員で、そんな子供たちがたくさんいることを知りました。できれば大人数で一人でも多くの子供をサポートしてほしい。そう思いました。

「あの時の自分に言ってあげたい」

児童支援専任になって一年目の秋に、四年前、初任のときに担任したGさんの母親から相談があった。

「実は今年の六月ぐらいから、家で一、二時間泣きわめくことがあるんです。もう、二〇回以上。祖母が見かねて、何でも聞くからと話をうながすと、いろいろあったんです」

担任をしていたときの印象は、おとなしくまじめな子で、そんな激しく感情を出すような子ではなかったので、母親の話はすぐには信じられなかった。

話はこうであった。

「六年生になってから、同じクラブの八名の女子から無視されている。本人は無視される理由がわからない。卒業するまで顔を合わせたくない。登校すると、先生にチクったといわれ、もっといじめられる。先生には、わかってもらえない。学校には行けない」

そして、話は六年生になってからのことだけにとどまらず、五年生のときのこと、三年生のときのことまでさかのぼっていった。

母親に「先生は何を見ているのか。ただ謝罪はしてほしくない。謝って終わりという形にしてほしくない」と言われ、学校としては事実確認からスタートした。

本人が名前をあげた一人ひとりから話を聞いた。

当たり前のことだが、一人ずつ、その場で起きていたことはとらえ方が違う。何よりも、本人が一番苦手に感じていた児童（Hさん）のとらえ方が一八〇度違っていた。Hさんは、学校に来られていないGさんの現状を知ると泣き出し、「Gさんと仲良かったし、そんなことになっているなんて知らなかった」と言った。

そしてHさんには「今は、本人の希望があるから、距離をおいてほしい」とお願いしたのだが、責任感の強いHさんは、助けたい思いで、放課後、帰り道でGさんを待っていたという。Gさんは「あれだけお願いしたのに、待ち伏せされた。怖かった」といい、その日家に着くと泣きじゃくり、あらゆるものを投げ、自分の部屋に閉じこもってしまったという。

多感な時期でもあり、それぞれの思いの中で、児童たちは不安定になっていった。そんな中で「無視した児童」として名前を挙げられた保護者からも「どちらが被害者なんだ。うちの子だって、あれから変わってしまった」と声が上がった。

何回かにわたり、話し合いが設けられた。

どうなってしまうのかと思っていたとき、部屋の片づけをしていたら、一通の手紙が出てきた。

Hさんが二年生のときに、担任であった私に渡してくれたものだった。「先生、助けてほしいことがあります。どうしたら、友達できますか」と書いてあった。

成績優秀で、明るく、彼女の周りにはいつも誰かしらがいる。クラスのリーダーとして活躍している。

しかし、今回のことでわかったのは、実は子どもたちの間で彼女と友達たちの間に溝があった。私はそれをどう彼女に伝えたらよいのか悩んでいたが、実は彼女自身は二年生のときに気がついていて、教師に助けを求めていたということを、私は四年後に理解したのである。

私は何をしていたのだろう、何をみていたのか、と思った。まず、私が、彼女に謝ろう。そこから、始めようと思った。そして次の日、彼女と話した。

「昨日、Hさんが二年生のときくれた手紙を見つけて、もう一度読んだんだ。あのときから、助けを求めてくれていたのに、助けてあげれてなかったね。ごめんね」というと、彼女はぼろぼろと涙を流し、泣きながら、いろいろ話してくれた。

彼女とやっと出会えたような気持ちになった。

数日後の面談で、Hさんの保護者から「Hから、私の気持ちは先生がわかってくれたからもう大丈夫、と言われました。学校にお任せします」と言われた。

Gさんの方は、その後もクラスには行けず、卒業まで「たんぽぽ」で過ごした。卒業までの学校での過ごし方を一緒に考え、彼女の気持ちを第一に計画を立てていった。

「たんぽぽ」でのGさんは、一つ年下の自由奔放なCさん（前に紹介したベッドで寝ていた児童）とよく時間を過ごしていた。他の児童は、Cさんとはなかなかうまい距離をとることができずにいたが、彼女は違った。

Ｃさんが教室を飛び出したと聞くと、Ｇさんはいつも一番に探しに行ってくれた。そして、見つけてもすぐに「たんぽぽ」に連れてくるのではなく、二人で何か話しながら、笑いながら「たんぽぽ」に帰ってきていた。

Ｇさんは、「あの子はいいな。自由だ。自分に自由。いやなことはしない」とよく言っていた。そして、必ず最後に「私はできないけどね」と言っていた。

Ｇさんの中学への準備として、中学と連携して話し合いを重ねたことで、中学校には入学式から三年間通うことができ、その後、高校、大学へと進学していった。

大学生になった彼女は、こう言っていた。

「あの頃の自分に言ってあげたいな。そんな無理しなくていいんだよと。あのとき、自分を変えたくて、思い切って苦手なことに飛び込んだんだ。その一つがクラブ活動だったんだ」と。

そうだったんだ。

正直なところ、当時は彼女がそのクラブになぜ入ったのかわからなかった。そのクラブは、最後に活動成果を全校生徒の前で発表するクラブであった。人前に出るのが苦手が彼女がなぜだろう、と思っていた。

彼女は自ら自分を変えようと思い、飛び込んだからこそ、そのときの周りの目や声は痛く、心に刺さったのであろう。私がもう一歩深く入っていたら、何かが変わっていたのではなかったのか。

しかし、当時、いや、きっと今でもだが、そこにある彼女のからだのそばに共に立つことしかできなかった。そのからだは泣き叫んでいた。

いま、彼女は障害を持った子どもたちを支える仕事についている。

アンケート回答

◎本人

1 **あなたにとって「たんぽぽ」とはどんな場所でしたか？**
学校へ行く理由、自分の居場所。

2 **もし「たんぽぽ」がなかったら、小学校生活は変わっていましたか？**
変わっていた。

たんぽぽという場所を知らなかったら、あのまま我慢して通い続けていたと思う。

自分は当時、家で特に理由もなく毎日のように泣いて荒れていた記憶があるが、たんぽぽに行き始めてからは少しは落ち着いたような気がする（あくまで気がするだけ）。それはたんぽぽの中でかなり自由にさせてもらっていたおかげではないかと考えている。

一方デメリットも多少あり、それは勉強する習慣がほとんど無くなったため中学の初めに苦労したというところだ。ただ、自分自身のやる気と素質の問題とも言える。

3　**自分にとって、「学校」とはどんな場所ですか？　また、その当時何を求めていましたか？**

友達と会うのは楽しいが、基本行くしかないから行くところという認識だった。

特に朝起きるのが苦手で、十一時くらいに行って十五時くらいに帰りたいとずっと思っていた。

4　**成長した今、小学校時代を振り返り、何があったらよかったと思いますか？（制度・環境・考え方なんでもよいです）**

当時はまさにたんぽぽのような場所を求めていた。会いたくない人がいた、というのが理由の一つ。もう一つ、少人数で落ち着いていて、時間がゆっくり流れるような場所にいたかったという理由もある。その時は精神的に参っていたので……環境には恵まれていた方なので、自分自身が「無理しない」という意識をもっと早く持てればよかったと思う。

教室（というかあのフロア）に行けなくなった原因はクラブだった。積極的な人になりたいといった気持ちがあり入ったが、限界まで頑張ってしまい逆効果になった。もともと完璧主義的なこだわりがあったため、あの頃の自分にはもっと適当にやれと伝えたい。

学校に文句を言うとすれば、クラブに入らなければならない・やめられない（休めない？）システムをなくして欲しかった。話をすればなんとかなったのかもしれないが、当時私はずっとやめられないし勝手に休めないと考えていたため苦労した。

それから、教室から離れても授業やそれに代わる何かは欲しかった。結局授業は教室にいかなければ受けられず、（結果として教室に行くきっかけとはなったものの）はじめはしんどかったし、どうしても教室に行けない子は勉強するための手段が少なくなってしまうように思う。
→これについて、わがままを言っているような気もするし、そもそも私自身が当時勉強を面倒くさがってやりたがらなかったような記憶があり、正直意見がまとまっていない。ただ、だからこそ「勉強からあまりにも離れすぎないように何かしらの措置が欲しかった」という思いがなんとなくある。
あまりにも色々やろうとするとより専門的になり、支援する側の負担や不足が考えられるので難しい。

5 **学校内に特別支援教室は必要（不必要）だと思いますか？（理由も教えてください）どんな教室なら良いと思いますか？　あなたが理想と思う特別支援教室の姿を教えてください。**

必要。教室に行けなくてもここがあるから大丈夫、と思える場所が理想。

今不登校支援が増えてきて外部にもたくさん居場所があるが、自分の場合、外の全く知らない場所にいきなり通うのは非常にハードルが高い。知っている先生や友達がいて、今までと変わらず学校という場所に行くことができたために毎日通えていた（あと教室にも行きやすかった）、そう考えると学校の中に居場所があるというのはそれだけで強い。

もう一つの強みは様々な年齢の変わった人たちが集結していたことで、そんな人たちと毎日遊んだり怒られたり色々な経験をできたことが貴重だった。歳が違う人たちが一緒に活動するというのは何かしらのプラス効果があるのではないかと思っている。

とても良かった。

たんぽぽ教室はこのようにそれぞれのスペースを守りながらも壁を作らない教室であって欲しい。

「たんぽぽ」卒業生Ｚｏｏｍ会議から

「たんぽぽ」の卒業生に、アンケートを取ってまとめていること、インタビューをしていることを話すと、子どもたちから「先生、古いね。今はＺｏｏｍでしょ。それを録音して、書けばいいじゃない」と提案され、「たんぽぽ」の卒業生のグループＬＩＮＥを作り、Ｚｏｏｍ会議をすることになった。

その会議の中で、大切だなと改めて子どもたちからおしえてもらったこと、気が付いたことをいくつか書けたらと思う。

場があるということ

卒業生たちとＺｏｏｍで話したときに、「みんな、アンケートで『たんぽぽ』はあった方がよいというけど、何がよかったのかな。印象に残ってることあるかな」と聞くと、はっとさせられる答えが返ってきた。

「何をしたとか、何をやったかというんじゃないんだよな。その場所があったことが良かったんだよ」

「そうそう、ぼくなんか、『たんぽぽ』では寝てたしね」

「みんなでトランプで遊んだり、めっちゃゆっくりできたよね」

「そうそう、ゆるい時間がよかった」

「自分のできるタイミングってあるじゃん。それができるのがいいよね」

ついつい教員目線で、「こちらが何を用意してあげることがいいのか」と考えている自分の心を見せられ、どぎまぎした。

「不登校とか、ひとくくりにしてほしくないんだよね。教室に行きたいときだってあるしね」

「『たんぽぽ』に行くことで、定期的に（学校に）もどしてくれるというか」

「ぼくはね、学校って魅力ないけど、後輩に相談されたとき、行けるなら行ったほうがいいよって言ってるんだ。行くことで、わかったり、おもしろいこともあったりするからね」

「コミュニティというか、自分で参加できる感じがいいな」

Ｚｏｏｍ会議の中で、卒業生たちは、お互いを認めあうメンバーたちの中で安心して話していた。

それぞれが自分の言葉をもち、話し合っている姿に、小学校時代の彼らの姿との大きなギャップに感動を覚えつつ、この生の声を、彼らの言葉を伝えたいと改めて思った。

大人も子どももともに深呼吸ができる、ゆったりと深く呼吸ができる場を作りたいと思い、「たんぽぽ」を始めたことを改めて思い出した。

場があること、自分が自分のままでいられる場があることが、どれほど救われることなのか。

「みんなちがって、みんないい」ってどういうことだろう

クラスの中でアウェイ感がある、なにか場違いな感じがあると、その場にいることが苦しくなる。その苦しさから解放されるには、その場から離れるか、その場に合わせる（感じないようにする）しかない。

ほとんどの子は、その場に合わせるほうを選ぶ。でも、それが耐えられなくなるとその場から離れるしかない。

「たんぽぽ」に関して、「自分たちだって頑張ってるのに、『たんぽぽ』の子は楽しんでる」とか「遊びたいだけじゃん」という声があった。それは、児童だけではなく、大人（保護者・

教員）からも聞こえた。

頑張る、合わせる（感じないようにする）のではなく、自分たちで自分たちが息がしやすい場を作ってはいけないのか。

そして、子どもたちは、子どもたち同士の違いをどう感じているのか。

多くの学校では「みんなちがって、みんないい」という標語を張り出しているが、本当にそう思っているのか。それが本当なら、子どもたちからこんな言葉は出てこないのではないか。

そんな疑問が生まれ、校長・担任の許可をもらい、「たんぽぽ」に来ている児童がいる五年生のクラスで「総合」の時間に授業をさせてもらった。

授業は、多目的ホール（机も椅子もない四階の絨毯敷きのホール）で行うことにした。

0　歩く

「靴下脱いでも大丈夫な子は、素足になって」

「肩幅ぐらいに足をひらいて、足の裏を床にぴったりつけて、ひざをがちがちにしないでゆるめて、立ってください」

子どもたちは、口々に「先生、何するの?」といいながら、お互いの顔を見ていた。

「じゃあ、ゆっくり歩いて。足の裏に集中して、自分のペースで自由に歩いていいよ」というと、すたすたと歩きだす子、ゆっくりゆっくり一歩一歩確かめながら歩く子——そんな子どもたちを見ながら、次々と課題を出していく。

「今は、朝八時、あなたは学校に向かって歩いています」

「今日は八月十日十二時、快晴、今あなたは海岸の砂浜に立っています」

するとも子どもたちはその場面を想像し、一人ひとりの歩きが変わり、からだが弾み、笑い声があがる。

I　自分の好きな場所を探す

「では今からこのホールの中で、自分が一番リラックスできる心地よい場所を探して決まったら、そこに座ってください」

子どもたちはとまどいながら、ホールを歩き、そのうちこんな声が聞こえてきた。

「先生、どこでもいいの」

「いいよ。ただし、危ないと思ったらいうね」

すると、じっとしていることが苦手な男の子が「じゃあ、おれ、ここ」といってロッカーの上にのった。

するとう、ロッカーの中に入る子、窓際に座る子、ホールの真ん中に座る子と、一人ひとりが各々の場所を見つけて座り始めた。

そのあと、一人ひとりからその場所を選んだ理由を聞いた。誰一人として同じ理由はなかった。

「こんなに一人ひとりちがうんだね。それが、同じ一つの教室にいて、決められた自分の席にいるんだね」と話し、授業の感想を書いてもらった。

児童の感想には、「一人ひとりの違いにおどろいた」「自分と同じように感じる人には安心した」「自分の好きな場所に座れたことがうれしかった」「場所を見つけるのが難しかった」「あんまり教室では感じないことを感じた」などが書かれていた。

II　お互いの距離感について

二人組になり、数メートル離れて立つ。片方が、相手に近づき、もう片方は、これ以上近づいてほしくないときは手を出しストップをかける。

男女で向かいあって行った。

一人の女の子が、相手の男の子が近づいてきてもいっこうにストップをかけない。相手の男の子の足が止まってしまった。

女の子が「全然平気。彼とは保育園で赤ちゃんのときから知ってて」というと、男の子は「それとこれとは違うんじゃない？」と言い、女の子は「なんで？」と言っていた。

そうかと思うと、一歩相手が足を出したところで、ストップをかけた児童もいた。互いが、自分のからだの感覚を言葉に出し、行動に出していったとき、授業中にいくつもの笑い声が響きあっていった。

Ⅲ　出会いのレッスン

「出会いのレッスン」とは、二人の人が部屋のあっちとこっち、それぞれ反対側の壁に向かって立って、「どうぞ」という合図で振りむいて、この人はあっち、あの人はこっちへ歩く。すると、途中ですれ違い、そのとき感じたままに動く（『「出会う」ということ』より）。

大学時代、また卒業後も、ワークショップなどで自分自身が体験した「人と出会って感じたままに動く」ということを、子どもたちと一緒にやってみた。

二人以外は両脇で見ていて、当事者が感想を言い終わった後に、見えたこと、感じたことを話してもらった。

いつも元気でやんちゃな男の子が、まっすぐに向かい合ったとたんに下を向いて相手を見ずに通り過ぎようとした姿に、向かい合った女の子が一歩一歩、立ち止まりながら相手を見て進み、ゆっくりと動く姿に、今日出会う目の前の彼・彼女の姿に今感じたことを伝えることで、その場での新たな関係ができていった。

これら三つの授業の後、子どもたちからは次のような感想が聞かれた。

「『みんな違う』って、頭ではわかってたけど、やっぱり、友達は自分と近い人が安心だった」

「なんで、あいつはああなんだと思ってたけど、聞いたことなかったな。自分の好きな場所の理由聞いたら、ちょっとわかるって思った」

「みんなのこと知ってるつもりだったけど、知らないことたくさんあるんだと思った」

三五名一人ひとりが違う。それが、同じ教室で決められた場所に座り、七時間の時間を過ごす。そこにいろんな思いが生まれるのは当たり前のことである。

それが、何もないかのように過ごすことにいびつさが生まれる。

たった三回の授業であったが、クラスに入れず「たんぽぽ」に来ていた一人の女の子が、その後そのクラスに入る回数が増えていった。

クラスの一人ひとりの姿がクリアになっていく中で、違いを知ることでお互いがそのままのクラスメートを受け入れていくようになり、クラスの雰囲気が変化していった。

学校を「ともに生きる場」に

居場所は、一人ひとりが「受け入れられている」と感じ、心地よく過ごすことができる環境である。しかし、それをつくるためには、環境を与えるだけではなく、そこでの人間関係を自分たちで切り開いていく（創っていく）必要がある。

でも、子どもたちが学校の中で、そのような関係を自分たちだけで創っていくのは難しい。そこにこそ、場を支える教師の力が必要となってくる。

居場所としてのクラスのありかた、そのための学級づくりを考えることが今、問われている。

文科省の「サポート」の現状

学校に一人ひとりが居場所と感じられる場があれば、子どもたちは登校することができる。

近年、フリースクール、不登校特例校など、子どもたちの新たな居場所が作られている。しかし、学校だけがすべてとはいわないが、校内にそのような居場所が作れないか検討することも大切なのではないだろうか。子どもたちの中には、他の子どもと同じように地域の学校に通えることを望んでいる子も多数いる。子どもたちは特別視されることを嫌うのである。不登校とひとくくりにせずに、個別最適化を考える一つのやり方として、学校に居場所を作ることを検討するべきではないか。

二〇二三年三月に策定された文部科学省の「誰一人取り残されない学びの保障に向けた不登校対策　COCOLO（Comfortable, Customized and Optimized Locations of learning）プラン」では、「校内教育支援センター（スペシャルサポートルーム等）の設置を促進」することが挙げられ、「落ち着いた空間の中で自分に合ったペースで学習・生活できる環境を学校内に設置します」と書かれている。

現在東京では、学級で過ごすことが難しい児童・生徒に対して、別室で学習指導や相談に対応する「校内別室指導支援員」が配置され、地域の方や民生委員が子どもたちの居場所を見守るという形で運営されている。運営のプログラムや約束事も各校に任されていることで、ただの「預かり場所」になっており、子どもたちが好き勝手に遊んでいたり、喧嘩を始めたりして、教室にいられず助けを求めに来た子どもたちの不安や怒りは、小さな部屋で爆発している。

教員免許もなく、研修もなく、善意だけで子どもたちのために手を挙げてくださったボランティアの方々も疲れ切ってしまっている。

文部科学省が掲げている「誰一人取り残されない」とは、何から取り残されないことなのだろうか。

「スペシャルサポートルーム」とは、何をサポートしようとしているのか。

「クラスに行けなくても、とりあえずあなたが居られる場所は作りましたよ」というだけでは、なんのサポートにもなっていない。一人ひとりが自分の存在する意味を感じられる場所を一緒につくっていくのでなければ、子どもたちの能力とともに新たに発見していくのでなければ、子どもたちが「変わった」と成長を感じられるのでなければ、「サポート」の意味がない。

学校は子どもを閉じ込めておく場所ではない。子どもたちがそこで生きていく場所なのである。

「ともに生きる喜び」を

「学校」という言葉の起源であるギリシャ語「スコーレ」は「閑暇」を意味する。たんなる余暇ではなく、精神活動や自己充実にあてることのできる積極的な意味をもった時間、また、個人が自由に、または主体的に使うことを許された時間のことである。

現在の学校現場とは真逆である。

教室でも職員室でも「時間がない」という言葉がよく使われる。また、保護者の方々がよく言われるのは「先生方、お忙しそうで、声をかけるのが申し訳ないです」という言葉である。

年間計画と、日々の流れに追われているのが現状である。

二〇二〇年三月に新学習指導要領「生きる力」が文部科学省より公示され、「子どもたちが学習にじっくりと取り組める時間を確保する」とあった。また、教員が子どもたちと向き合う時間を確保する必要があるといわれ、提示されたのは、教職員定数の改善や外部人材の活用、地域との連携、そしてパソコン・タブレットの活用である。

「生きる力」を「知・徳・体のバランスのとれた力のこと」と表現しているが、子どもたちが一人ではなく、クラスという集団の中で学ぶとき、そこには他者が存在する。そこでの関係を発達段階に応じて、教師が円滑にサポートしていくことはとてつもなく難しく、しんどいが、それ以上にその場をともに生きることは、とてつもなく楽しい。

「生きる力」以上に「ともに生きる喜び」を得る。そして、多くの失敗を通じて感じることは、子どもたちの優しさである。子どもたちに何度も許されて、次に進むことができた。

「学校」とは、単に場所・空間ではなく、「ともに生きる場」なのである。

「自分にとって学校とはどんな場所ですか？」

子どもたちのアンケートの一つに「自分にとって学校とはどんな場所ですか？」という問いを設けた。彼らからの答えは以下の通りである。

- 今となってはいい場所で、当時の自分にとっては凄く閉鎖的な場所
- エネルギーをたくさん使う場所
- 行くまでが大変な場所（精神と肉体のバランス）
- 騒がしくて疲れる場所
- 現在では社会構造を体現している、社会生活を学ぶ場所
- いろんな人に同じ方向を向かせようとする場所
- 少し気を張りすぎて疲れちゃう場所（何があるかわからなくて毎日がロシアンルーレットみたいで怖い）
- 小学校は給食を食べる場所
- 中学校は寝る場所
- 高校は友達に会う場所
- 勉強する場所

・硬い木の椅子に座らされて毎日決まったカリキュラムを受ける楽しいとはいえない所
・好きな人ばかりではない空間でうるさいざわめきの中で一日過ごす場所
・色々なストレスが溜まる空間
・友達と会うのは楽しいが、基本行くしかないから行くところ

自分に触れ、他者に触れることで「学ぶ」ことができる。

居場所（ともに生きる場）としての学校の役割は大きい。

文部科学省の調査によると、二〇二三年度の小中学生の不登校者数は三四万六四八二人で、過去最多であり、一年で四・七万人増となった。中学校の不登校はこの一〇年で二倍、小学校では五倍に増えている。また、小中高生の自殺者数は五一三人で過去最高の二〇二二年に次いで多くなっている。子どもたちは命をかけて訴えている。

私たちはその訴えにどうこたえるのか。

今、学校での居場所の問題に関しては、子どもたちだけではなく、教師の間でも起きている。クラスで居場所を感じることができずに、「たんぽぽ」に来ている児童がいるように、職員室に居場所を感じることができずに、放課後も教室に一人でいる教員や、突然「診断書」が送られてきて療休に入る教員、毎年ある時期になると休みに入る教員がいる。

担任が一年間最後までクラスを持つことができるのは当たり前のことではなくなっている。

初任が来たら、とにかく一年間最後まで担任として児童を送り出せるように全力でサポートする。

職員室では「子どもより、大人の問題がしんどい」という言葉をよく聞く。関係が作れない大人が、どうやって子どもたちに関係を教えていくのか。場を作り上げていくのか。

教員の不足と言っているが、教員の不登校も多く、教員の不登校はやがてうつや適応障害となっていく。

今、変わらなければ、学校は人が生きる場所ではなくなっていく。

5

自分の礎になっているもの
——「竹内レッスン」

「竹内レッスン」から学んだこと

子どもたちとの向き合い方、関係の作り方において、自分の礎になっているものが宮城教育大学のときの恩師、竹内敏晴先生の行っていた「竹内レッスン」である。

プロローグでも少し触れたが、竹内レッスンといっても、それが何かをイメージすることは難しいと思うので、まずは、竹内さんが自身の本の中で「レッスン」について書いていることを紹介したい。

「日常の次元では抑圧されているもの、意識的に制止してあるもの、それらすべてをとり払って、一つの見知らぬ自分に出会うこと、これが演技のレッスンの意味であろう。」

（『ことばが劈かれるとき』）

「わたしのやってきた『からだとことばのレッスン』は設定された目的を達成するための技術を習得する方法ではない。自分自身への問いかけと、気づき——つまり新しく開かれた世界——への、出発のくり返しにすぎない。」

（『「出会う」ということ』）

「わたしは一つの場を開いて、そこに人を招く。ここでは学識も身分も年齢も意味をもたない。名も問われない。からだひとつがそこにある。」

（『「出会う」ということ』）

「そもそも『レッスン』ということば自体、仮の名にすぎない。一九七〇年代にワークショップを人にすすめられて始めたとき、なんと名づけたらよいか、はたと迷った。有用な技術の獲得をめざす『訓練』ではなく、ある境地に到達することをめざす『修行』でもない。演劇的パフォーマンスの「稽古」でもない。どうしてもうまい日本語がみつからないので、当時あまり世に流通していなかった用語だったので『レッスン』と呼んでみたにすぎない。たしかに『ゆらし』とか『呼びかけ』とか『出会いのレッスン』とかのエクササイズはあるが、それをやることが『レッスン』なのではない。なにかがその場でおこり、ふれあい、時に人は変わっていく。が次のレッスンでは全く別の人との問い、別の気づきが動き、そして次のときまた新しく『その人』が現れる。その何回かの、あるいは何年かの試みを貫いてなにかが探られないかということに向かって、その人もわたしも歩いてゆく。そのことがレッスンなのだ。『レッスン』と呼ばれるような実体はないのだ。」

(『「出会う」ということ』)

竹内レッスンについて話すと、よくこんなことを聞かれる。竹内レッスンはどうして引き継がれなかったのか。今、竹内レッスンは誰ができるのか。どこで受けられるのか、と。

竹内敏晴さんがいない今、竹内レッスンはもう存在しない。

竹内レッスンでやったようなエクササイズはできるが、本人も言っているように、同じこととをやったとしても、それは竹内レッスンにはならない。

なぜなら、その場で起きたこと、気づいたこと、ともに歩んだことは再現できることではないし、再現する意味もないからだ。

しかし、そこで生きたことで学んだこと、自分が変わったことは、今の私のからだのまん中に残っている。からだの軸となっている。

それをどこまで言葉にできるかわからないが、どうにか言葉にしていきたい。なぜなら、そのことが、子どもたちと出会う人たちにとって、大きな意味をもつと信じているからである。

二〇〇九年九月七日に竹内さんが亡くなったあと、十月十八日に「竹内敏晴さんを偲ぶ会」があり、その中で詩人の谷川俊太郎さんが竹内さんに贈った詩が、まさに自分の思いと重なるのでここに引用したいと思う。

声　とどいていますか？　竹内敏晴さんに　　谷川俊太郎

あなたが行ってしまった
あなたの声と一緒に
あなたの眼差しと一緒に

あなたの手足と一緒に
あなたは行ってしまった

あなたは今どこにいるのか
あなたがどこにいようとも
今そこにいるあなたに向かって
私たちは呼びかける
声　とどいていますか？

あなたの書いた言葉は残っている
あなたの動く姿の記録も
あなたの叫ぶ声歌う声も
でもあなたは行ってしまった
私たちをここに置き去りにして

だが声は生まれる
途絶えずに声は生まれる

ときに堪えきれない嗚咽のように
ときに幼子の笑いのように
あなたが無言で呼びかけるから

あなたは行ってしまった
行ってしまったのに　あなたはいる
私たちひとりひとりのからだに
思い出よりも生々しくたくましく
あなたはいる　今ここに

竹内レッスンから学んだことのすべてを言葉に表すことは難しいが、教師として子どもに向き合うときに大切だと思ったことを述べてみたいと思う。

（1）自分のからだの存在に気づくということ

大学一年の初めての竹内さんの授業のときのことである。彼の授業は「表現演習」の一つとされており、講義ではなく、演習という形で行われていた。それが竹内レッスンとの出会いだった。

宮城教育大学三号館四階にある「三四一教室」は板張りの床で、壁一面に鏡がある多目的教室、ダンススタジオのような場所だった。

まず、ほんとうに「はだし」になって歩く。足の裏でていねいに床に触ってみる。「足の裏に集中して、しっかりと感じながら自由に歩いてみて」と言われ、生まれてはじめて自分の足の裏を感じようと試みた。

正直なところ、「足の裏って？」とおもいながらも、いざそこに自分自身で集中してみると、なんともたよりない足の裏がそこにあった。「足の裏がピタッと床につくってこれなの？　わかんない」と思い、もがいていると、「片足に体重をのせて、もう片方が自由になったとき、歩けるよね」と竹内さんの言葉。そんな言葉を聞きながら、自分のからだに耳を傾けて、揺らしてみたり、止まってみたりしていると、自分のからだが出現してくる。歩きながら「あっ、今、私、私の右足感じる」とか言っている自分に、自分で驚いたりする。

ガチガチの下半身が、歩きながらすこしずつほぐれていくと、上半身にもそのほぐれの波が伝わり、胸が拡がり、首が伸び、顔がすうっと前をむく。すると、同じように、からだの声を聴きながら歩いている人の顔が見え、お互いニヤッと笑ったり、下を向いたり。「歩く」ってこんなだったっけ、と思う。

ある日は、「海の中の海藻になる」というレッスン。足の裏が床にピッタリ付きながらも、小さな波、大きな波を感じ、揺れるからだ。揺れながら、初めのうちは「ひざガチガチだな」などと感じながらも、波に揺らされ、力が抜けていったとき、海藻になったからだは心地よく海の中を漂うように揺れる。

自分のからだを感じ始めたとき、自分がそこにあらわれてくることがうれしかった。自分のからだがいまどんな感じなのかを問いながら、固まっている部分に手をふれるだけで、手のぬくもりが固さに拡がり、力が抜けていく。

別のあるときは、ぶらぶらとゆすられることで、力が抜けていく。そして、脱力した後、自分の腕や足の重さを感じるのである。

自分のからだの重さを感じたとき、自分の存在の重さも感じる。

特に子どもたちには、自分のからだの存在に気づくことができる場と関係を作ってあげることが、子どもたちの命を守り、成長させる力に通じると思う。

自分のからだの重みを知ったとき、相手のからだやこころの重みも知ることになる。

「なんで人を殺してはいけないの」「なんで死んではいけないの」という質問に、大人が言葉で答えるだけではなく、一人ひとりが自分で答えを見つけることができる鍵が、「からだ」の中にある。

（2）ひとり立つこと

「好きな木を見つけて、その前に、自分も木になってしばらく立ってみてごらん」という授業があった。

一本の木を見つけ、はじめはその木にふれたり、からだを預けてみたりした。

そして、自分も木になり、地から力をもらい、空に向かって真っすぐに立ちたいと思った。

しかし、なんともうまくいかない。根を張るように、地に足の裏がやわらかく柔軟につかない。

だから、下からの力がもらえず、上に伸びていかず、顔ばっかりが上を向いても下とつながらず崩れてしまう。ただ、「立つ」というだけなのに。

「ひとり立つこと」とはどういうことなのか。

特に教師にとって、子どもたちの前に立つということはどういうことなのか。

大学での「表現演習」を通して、からだの力を抜く訓練を続け、息を深くし、自分の声に出会い、相手に声を届けることができた。安全な守られた場、自分の存在をそのままに受け入れてくれる場では、からだに軸が通って、すっきりと足の裏が地について「立つ」ことができた。

そのとき、相手の顔がはじめて見え、他者に向かいあえる気がした。世界が広がった。

しかし、教育実習に行き、管理教育の中で、求められる自分と今そこにいる自分とに違いが生じたとき、求められる力に屈し、立つことができなかった。それで、二十二歳のときに教師の仕事を断ったのだ。

アメリカのコロラド・サイコドラマセンターで、ワークショップに参加し、その中で、英語で自分を表現する言葉を必死に探しもがいているとき、それでもその場でひとり立とうとしたとき、こんなにもさみしいのかと感じた。しかし、かつて味わったことのないそのさみしさをそのままを受け入れたとき、目の前に立っている人もまたこれを抱えて立っているのかと思うと、相手がいとおしく感じ、触れたいと思い、自然と手が伸びていた。

それから聖書に出会い、自分がどんな状態であっても、そのままの姿が認められ、許され、共にいてくれる存在、関係があることを知った。そのとき、自分が愛するということで、ひとり立ちたいと思えた。

私にとって、「ひとり立つ」とは、自発的な行動であること、そして、その自発的な行動を促すためには、そのままを受け入れられ、共に生きる、じかの関係が必要であるということを体感し経験した。

特に、これから教師になる方には、「そのままを受け入れられ、共に生きる、じかの関係」を体感し、それから子どもたちの前に立ってほしい。自分自身がインプットしていないものは、アウトプットすることができない。

そして、それは子どもたちも同じである。目の前で自分たちとともに生き、じかに関係を作る教師の姿から、自分が「ひとり立つ」ことを考えはじめ、それが自発的に動き始めることに通じていく。

（3）相手にふれること

相手の背骨を一つ一つ触り、そのあと、背骨の両脇を、相手と息を合わせながらゆっくり押していく。時々、こわばった背中が「ばきばき」と音をたてることもある。背骨の両脇に少し空気が通ったら、肩、肩甲骨の上に手を置き、マッサージをしていく。

相手と息を合わせているうちに手のひら全体がピタッと相手の体にふれ、相手のからだからいろいろなメッセージが飛び込んでくる。それを手のひらで受け止めながら、自然に手が動いていく方向にマッサージしていく。

はじめは、相手のからだにふれることが怖くて、指先だけをつけ、たなごころは浮かせて、ふれないようにしていた。相手に「なんかくすぐったい」「気持ち悪い」とか言われながら、お互い笑ったり、ああでもない、こうでもないといいながら息を合わせていくと、ピタッと手のひら全体が背中にふれたとき、二人同時に「気持ちいい」という言葉が出た。

「ゆらし」「呼びかけ」「出会いのレッスン」などのエクササイズを通しても、軸となったのは、相手の存在であり、相手にふれるということであった。

ふれあうことで、何かがおこり、関係が変わっていく。

まさに、学校現場は、教室は、そのことが毎日はげしく行われる場である。

しかし、実際はその「ふれる」ということがおきていない。

「あの子を呼んだのに、答えなかったんです」という先生。

「まったく話聞いてくれないよ、先生は。言いたいことはいうけどね」という子どもたち。

両者に「それで、どうしたの」と聞くと、両者ともに答えは「何にもしないよ。あきらめてる」。

ふれ合う以前に終わっている。だから、何も生まれない。だから「つまらない」。

からだが悲鳴を上げ、暴れだしたとき、閉じこもってしまったとき、それは問題が起きたときではなく、相手にふれるべきときなのだと思う。相手がどこにいるのか、どういう状態なのかを見て、感じて、近づいていかなくては相手にふれることができない。「ああでもない、こうでもない」といいながらやっているうちに、互いの息に耳を澄ませ、相手と自分の呼吸が合わさったとき、相手にピタッとふれたとき、両者から安らぎが生まれる。その安らぎの中でこそ、学びが生まれる。

（4） 自分で選ぶこと

竹内さんの授業の中では、常に「あなたは、今、どう感じていますか」「あなたは、どうしたいんですか」と問われた。そのたびに、集団の中で隠れて見えないように座っていたのに、ひとり前に出されて立たされたような感覚を味わった。「わたしですか？　わたしがどう感じたか、どうしたいかが大事なんですか？」と心の中はあたふたする。相手が何を望み、私にどう行動してほしいのかを見抜き、それをすることが得意だったし、そうすることで褒められてきた。なのに、この人は「わたしはどうしたいか」を聞き、私に選ばせようとする。今思うと、当たり前のことを聞かれていたのだが、戸惑った。それまで学校では、先生が道を示し、自分は示された道を進む。進みながら、休みたいと思うときはあったが、休むことはできないと思っていた。

「したくないことはしなくていい。自分で選びなさい」と言われたときも、はじめは、だだっぴろい草原にひとり投げ出されたような不安を感じた。しかし、だれもいない草原の中で、草に触れ、横になり、空を見上げたとき、涙が流れた。「わたし、何したいんだろう」と。

その感じる場を、考える場を支えていてくれたのが竹内さんだった。だから、感じることができ、選ぶことができた。

学校現場で、子どもたちに「あなたは、今、どう感じますか」「どうしたいですか」と問うためには、その場を支える力を教師が持っていないと、子どもたちは答えることができない。そして、教師自身も、同じことを自分自身に問うていなくては、子どもたちに問うことはできない。

支えられた安全な場で、十分に感じ、選ぶことができたとき、それは自分の力となる。選んだ道がその後たとえ失敗に終わっても、だれのせいにするつもりもないし、すがすがしさだけがのこり、次の道をまた選ぶことができる。

先日、一人の教え子が訪ねてきて、時間を過ごしたとき、こんなことを言っていた。

「学校の先生や親って、子どもが失敗しないようにするよね。プラレールみたいに、電車が止まらないように、どんどん線路つなげていくんだよね。でも、止まらないかもしれないけど、どこに行きたかったのか、どこに行こうとしてたのか、わかんなくなっちゃうんだよね」

彼女は、健康上の問題もあり、学校を休みながら、四年という時間をかけ、大学に進学した。時々彼女から連絡があり、思う通りにいかないからだとこころのしんどさを聞いていた。でもその中で彼女は常に、自分はどう感じているのか、どうしたいのか、問うていた。そして、同級生が就職する中で、彼女の選んだ道は、大学進学だった。彼女の言葉を聞いてハッとした。小学生の時にスーツケースにプラレールを入れてきていたF君は、あの時から大人が敷いたレールではなく、自分で道をつくろうとしていたのかと。

教師が、親が、子どもに「自分で選びなさい」といっておきながら、目は子どもを見張って、子どもの目の前に教師や親の考える「正解」をぶらさげている。そんな中で、悩み、自分の心を探り、「わたしは、なにをしたいんだろう」と悩んでいる子こそ、選ぶことなんかできない。教師や親からの「自分で選びなさい」は、「自分で感じるな。正解を選びなさい」と聞こえるからである。

心理的に安全な場で「あなたは、どう感じますか」「あなたは、どうしたいですか」と問われれば、人は、自分で選ぶことができる。少し待ってあげることで心理的に安全な場は生まれるのに、その少し待つことができないのが今の学校である。

子どもだけではなく、教師にとっても学校が心理的に安全な場であるようにすることが課題である。

（5）表出で終わるのではなく、表現するということ

大学三年生のとき、ＦＭ仙台の深夜放送のアシスタントの仕事をする機会があった。当時は女子大生ブームもあり、時給の良さに惹かれ、何も知らず興味本位でオーディションを受けたら、合格した。三十歳の男性の方がメインで番組を進行し、自分はアシスタントとして会話の受け答えをするだけだから、できるだろうと思っていた。しかし、いざやってみると、自分が

思った通りにできない。一時間の番組を聞き返してみると、私が言っているのは三つの言葉のみであった。

「はい」「えー」「そうですね」である。

スタジオという場の中で、私は話すことができない自分に出会った。相手に向かって、からだに正直に話せばいいのだと自分に言い聞かせ、そのまま話すと、その声は暗く沈んでいる。そのたびに、ディレクターから「どうしたの。もっと明るく、友達と話すように」と言われても、すぐに答えられなかった。

その後、スタッフと関係もでき、リラックスできるようになったが、問題は自分をそのまま出すということではなく、どう表現したいのかであることを知った。「自分に正直である」と同時に「自分で自分を高めていく」というステップにきていた。自分で緊張感を高め、ボルテージを上げていく。スタジオ内で表現することの楽しさを知ると同時に、相手がそれに喜ぶとそこから抜け出せなくなり、多弁になっていった。スタジオ内だけではなく、友達との関係でも自分をコントロールできなくなっていった。求められると、話を面白くしてうそが増えていくのである。

表現の対象が相手であるようで実は自分であり、多弁になることで、相手に話しかけるのではなく、自分で相手との関係を切っていたのである。

自分が無自覚にしていることが相手に受け入れられることで、安心し、「表出」は大胆になるが、そこから「表現」に行くためには、自分は、今目の前にいる相手に何を伝えたいのか、そのためにどう伝えるのか、再度自分に確認する作業が必要になってくる。

そして、自分の状態を知ると同時に、相手を知ろうとしなくては、「表現」はできない。学校の教室においても同じことが起きている。

教師は子どもたちに何を伝えたいのか。伝えるためには、自分は、相手は、と互いの存在を受け入れて認め、尊重していることが基盤になる。そのうえで、教師は表現していかなくてはいけない。

「表出」から「表現」へはどう変化していくのか、竹内さんの作った以下の表でわかりやすく説明されているので、ご紹介しておきたい。

〈表現の段階〉

表出　①無自覚に表出している

大人（教師、親など）がそれに気づき受け入れる

②やっていることに気づき、こういうことをしていてもいいのかと

安心する

（感受性の開発）　③表出を大胆に拡大してゆく

表現への出発

（出したいことを勝手に出してゆく）

④突然思いもかけぬ鋭い表出がおこり、自分も受け入れ手も驚く

⑤自分はいったいどういうことを外に表したいのだろうとみずから
のうちに探り始める

⑥自分の内から探り出したものを他者へ手渡す

芸術的造型へ

⑦手渡す形をやり直し、よりよく判ってもらえる形を見つけてゆく

⑧（i）さまざまな表現パタンの習得

（ii）その組み合わせの試み

（iii）新しい形の発見・創出

⑨プロフェッショナルな芸術表現

シンボルを作り出すこと

（竹内敏晴「人間関係と自己表現」南山大学人間関係科研究会より）

（6）ともに生きるということ

十九歳、大学一年生で竹内さんに出会ってから、卒業後も竹内レッスンを受けた中で学んだこと、得たことは、「ともに生きる」ということである。竹内先生は「じかであること」と言い、

林竹二先生は「ごまかしのきかないもの」と言っていることだが、それは私にとっては「ともに生きる」ということである。同じではない各々の存在があり、その違いを受け止めたうえで、互いに生ききるということだ。

竹内レッスンは、受け止めてはくれるが、相手が支えてくれるわけではない。自分の足で立たないといけない。そして、竹内さんは、私が立ちきるまで、ちゃんと見てくれている。手を出さずに、見てくれている。観察者としてではなく、そこに一緒に生きているものとして見てくれている。

どちらが上とか、どちらが管理するとか、教える・教わるという関係はそこにはない。その時を、その場で、ともに生きる。相手の差し出した言葉に、気づいたら身を乗り出しており、必死でくらいついていた。そこで、自分の中でうごめいていたものが言葉として生まれ、その言葉を発信したとき、新たな関係が生まれた。

お互いの存在を確認し、関係が始まるときの緊張感、くすぐったさ、充実感、安心感がそこにはあった。

教師になった時、クラスの中でのこの感覚――「ともに生きる」こと――を大切にして、クラス運営を心掛けた。

エピローグ　いくつかの小さな提案

子どもたちのからだに向き合って

「たんぽぽ」を指導していた学校（初任校）から九年目に、別の小学校の情緒障害の子どもたちのための通級指導教室に異動し、その三年後に副校長となり、二年勤めたのち退職を迎えた。

退職後は、教員ではなく公認心理師として子どもたちと関わる道を選んだ。都内の学校を巡回し、カウンセリングやコンサルタントをしていく中で、子どもたちのからだ、教師のからだに向き合い、年々管理教育が強まる中で、行き場のないからだが声を上げている姿に出会う。子どもと教師が共に生きる場を創りあげていくには、どこから手を付けたらいいんだろうと、あまりの課題の多さに圧倒される。

——学校登校後から帰宅するまで、一日中教室でイヤホンつけてiPadをやっている子
——授業中、廊下や床に寝っ転がっている子
——上半身をおこしていられずに机に伏している子
——四〇名のクラスの中で、先生の話を聞いて参加している子は数名しかいない授業
——先生の怒鳴り声が響くクラス、数名の子どもの大声が響くクラス
——一クラスに五人も補助の先生が入り、支援しているクラス

――「たしざん」「ひきざん」からつまずいている子どもたちどのからだも「たすけて」と叫んでいる。

ゲームセンターのモグラたたきのように、一か所から飛び出したモグラをたたくと次のモグラが出てくるように次から次へと問題が出てくる。

でも、モグラたちに「いいよ、みんな出ておいで」というと、その数には圧倒されるが、案外自分たちで解決できたりする。

こんなことがあった。

同じ課題の授業で、クラスによってまったく違う結果がおきたのだ。

小学校一年生の生活科の授業である。自分たちが育てたあさがおからとった種を新一年生にプレゼントするという授業だった。種を取ったのはだいぶ前のことらしく、すでに種が見当たらなくなっている子もいれば、袋に名前を書いて大切にとっている子もいた。

A組の先生は、ルールにとてもきびしいベテランの先生だった。

いざ、種をプレゼント用の袋に入れるというときに事件が起きた。ひとりの男の子Xくんが「ぼくの種がなくなっている」と言い出したのである。

すると、ほかの子が「今朝、Yくんが君の机にその袋いれてたよ」と言った。Yくんは先生に聞かれると、自分が種を持って帰って、袋だけ持ってきたことを話した。

先生は、「これは大変なことです」といって、校長先生のところに報告に行ってしまった。

Yくんは「ぼく、どろぼうなの？　校長先生のところにいくの？」と聞いてきた。

「どうしてもってかえることにしたの」と聞いたら、こんな答えが返ってきた。

「ぼくのあさがおの種がなくなって、探したら、見つかって、家に持って帰って花壇に植えたんだ。そして、袋捨てようとしたら名前が書いてあって、自分のじゃないって気が付いて、袋だけもってきて、わからないようにXくんの机にもどしたんだ」

Xくんは「でも、Yくん、さっきから先生に聞かれるたびに違うこと言うんだよ」という。すると、おしゃまな女の子Zさんが来てこういった。「種を収穫するとき、教室中凄い状態で、しょうがないよ。だって、わたしだってYくんの種もらったもん」

「えっ。そうなの？　だからYくんの種なかったのかな。それ話したら」というと、Yくんは「Zさんがもっていったのはいいよ。どうせ、ぼくがおこられる」といい、不安からか、はさみを取り出して、自分の服を切ろうとした。

あわててはさみをとり、「だいじょうぶだよ。わたしといっしょに先生に話そう」というと、やっと席についてくれた。

先生も今回のことだけではなく、Yくんのことでは頭を悩ませていたので、校長室に助けを求めに行ったのだが、校長先生は「Yくんを呼んで僕がおこるのが管理職の仕事ではないよ。もう一度ゆっくりはなしておいで」と先生を戻してくれ、そこで、戻ってきた先生にさきほどのYくんの話を伝えた。

次の時間、Ｂ組でも同じ授業があった。このクラスは初任の先生がお休みに入ってしまい、最近担任が変わったばかりである。

Ｂ組の先生は、種を袋に入れる段階で子どもたちにこう投げかけた。

「種を収穫してから、だいぶ時間がたってしまったから、もしかしたら、どこにあるのかわからなくなっちゃった人もいるだろうし、種ができなかった人もいたよね。今から、種を袋にいれるけど、ない人どのくらいいる？」

すると、思った以上に手が挙がった。クラスの三分の一、一〇名近くが手をあげた。

すると、先生は笑いながら、「こまったな。こんなにいるのか」といい、「そうか、でももしかしたら、お道具箱の端っこや机の中にあるかもしれないから、みんなもう一度確認してみよう」といった。

そうしたら、なんと手を挙げた子どもたちの半分の机やお道具箱の中から種が出てきたのである。

「これなら大丈夫かな。それでは、たくさんある子で、お友達にあげてもいい子はいるかな？」というと、たくさんの子が手を挙げ、クラスみんなが種をプレゼント用の袋に入れることができた。種を上げた子ももらった子も、どちらも笑顔にあふれていた。

四〇名近くいる教室には、いろんな子がいる。でも、子どもたちは、先生の真似をするのが大好きである。先生のモデリングは、クラスに拡がっていく。いいところも、悪いところも。

小学六年生の国語の授業ではこんなことがあった。先生の席の前に、待つことがちょっと苦手な男の子がいた。自分が調べてきた作者のことを話したくてしょうがない。先生の質問が作者と関係ないところでも話し出そうとする。何度も手を挙げる。

先生は彼の気持ちを受け止め、「今日の授業の最後に五分間時間とるから、はなしてくれるかな」と言った。彼は大きくうなずき、約束された時間に、調べてきたこと、自分が読んで感動した作者の作品を熱く語った。誇らしげな彼の顔。感心するクラスメート。「お前凄いな、その本今度貸してよ」「いやあ、先生もそこまで知らなかったよ」という声があふれ、チャイムがなる。見ているこちらまで、心が熱くなった。

教室では、毎日いろんなことが起きている。先生方が日々試行錯誤しながら、取り組んでいる姿に頭が下がる。週に一度や月に数回しか行かない私に何が言えるのかと思うが、いくつか気が付いたことや考えていることを書いておきたいと思う。

「グー・ピタ・ピン」やめませんか——教師も子どもも深呼吸できる教室へ

小学校一年生の教室に行くと、「グー・ピタ・ピン」という掛け声が聞こえてくる。毎時間、あいさつの前に、日直が姿勢を整えるためにかける合言葉である。

「グー」で机からこぶし一つ分の間が空くように椅子に座り、「ピタ」と足の裏を床に着け、「ピン」と背中をまっすぐにする。そして、全員の姿勢が整うと、日直が「一時間目の国語を始めます。よろしくお願いします」とあいさつし、そのあと全員で「よろしくお願いします」とあいさつをする。すっと一回でそろうとよいが、だれかがきづかないと、互いに対する注意が始まり、何度もやり直す。授業が一向に始まらない。そのうちに、待ちきれない人たちの姿勢が崩れ始める。

一体いつからこれは始まったのか。

調べてみると、「授業スタンダード」の一つとして広まったようである。授業スタンダードは、文部科学省主導の全国学力・学習状況調査に伴い、二〇〇六年ごろから作成され始めたとのことである。授業スタンダードは、「学力の定着や向上を目的とし、授業の展開や具体的な指導方法、子どもの実態に応じた指導観などを内容とする規範」と定義されている（澤田俊也氏）。授業スタンダードの導入が学力テストの点数向上につながるという考え方が広まったという。

また、「授業のユニバーサルデザイン」でも、具体例として「グー・ピタ・ピン」が挙げられている。授業のユニバーサルデザインは「学力の優劣や発達障害の有無にかかわらず、全員の子どもが、楽しく『わかる・できる』ように工夫・配慮された通常学級における授業デザイン」（桂聖氏）であり、授業スタンダードとは目的が違うが、指導形態では同じ形をとっている。つまり、子どもというよりは教師が指導しやすい形態ということなのか。（以上、前岡・赤木「小学生は授業スタンダードをどのように捉えるのか」を参照）

私が子どものときも「起立、気をつけ、礼、着席」という号令とともに授業が始まったが、一人ひとりがチェックされることはなかった。今は、チェックされる。グー一つ分あいてる？足はピタッとくっついている？　背中はピンとしてる？　と言われ、なおされる。主体としてのからだを消される感じがとてつもなくつらい。そして、そのあと、「よろしくおねがいします」と言わされる。

教室の後ろで見ているだけでも違和感を感じる。授業が始まり、課題に各自取り組む中では、集中の度合いによってからだも各自変わってくる。上履きを脱いで、足を組んでいたって、集中している子もいる。机に顔を伏せていてもじっと聞いている子もいる。一人一人からだはちがうのに、そのからだの中で動いているものをみるのではなく、姿勢を注意され、ただされると、爆発する子どもが出てくる。あたりまえである。見ている私も叫びたくなるときがある。「やめてくれ。ほっといてくれ」と。しかし、担任からは「いつもこうなんです。どうしたらいいんでしょうか」と問われる。

どこにどう伝えていけばよいのか。

教師も子どもも安心してからだをゆだねられる場、深呼吸ができる場を、学校に教室に授業に、広げていくには何が必要か。

「グー・ピタ・ピン」をやめるところから始めませんか。

「じゃあ、どうしたらいいんですか」と言われる。「目の前の子どもたちのからだを自分のからだで感じるところからスタートしたらいいと思います」と答える。

授業の始まり方は何だっていい。

子どもと向かい合い、息をあわせ、子どもとともに一つの場を創り出していく。そのために は、教師が今の自分のからだを感じ、そのままに立つ。すると、目の前に、子どもたち一人一人のからだが見えてくる。どう動こうかなんて決めなくていい。息があわないな、なんかぴたっとしないな、ぎくしゃくするな——そんなときはそこからスタートすればいい。

教師自身が、自分のからだの状態を確かめ、必要なら、少し、体をゆすって深呼吸して、顔を上げて、子どもたちのからだを見てほしい。

そこに答えはある。

「○○しなさい」から「どうした?」へ——答えをあげるのではなく、まず、聞いてみる

ある小学校の四年生の授業を観察したときである。

一人の女の子が授業中、急に席を立った。すると、すかさず先生は「座りなさい」という。女の子は窓際のカーテンのところに行き、からだにカーテンを巻き付けた。周りの児童は見て見ぬふりしたり、「またかよ」とささやいている。先生は「授業中は座って先生の話を聞くことになっている」という。いつもは、ここから無理に座らせようとして彼女があばれるという

パターンだという。

しかし、立つほうには、座っていられない理由があるに違いない。なぜ、だれもそれを聞かずに、勝手に判断し、注意するのか、不思議だった。

その子のそばに行き、「どうしたの?」と聞いた。すると、その子は「後ろの席の子が、私の悪口を言っている。聞いていられない」と答えたのだった。「それは、いやだったね」というと「うん」という。「それでどうしたいの」と聞くと、「言わないでほしい」というので、そこで、本当にそうだったのかを一緒に確かめ、事実がわかると、彼女はまた自分の席に着いた。ほんの数分のことである。

「座りなさい」の前に「どうした?」と聞けば、子どもが答えてくれる。

職員室でも同じことが起きている。初任の先生や五年以内の先生を指導する立場にある先生は、役職も多く一番忙しい中堅の方々である。忙しさの中、つい相手の声を聴かずに、答えを上げて終えることで指導という形にすり替えている姿をよく見る。

「なぜ、そうしようと思ったの?」「何を一番伝えたかったの?」と尋ねることなく、「あのときは、こうすべきだったよ」「一番大切なことは、○○だよ」と教える。

しかし、そのことで、自分の意見を言えなくなってしまう教員や指示待ちの教員を作ってしまっている。

退職前、管理職をしているとき、実際にこんなことがあった。

放課後に保護者から、管理職と直接お話がしたいという電話があった。担任の先生の子どもに対する指導に関しての内容だった。「クラスでの子ども同士のトラブルの対応について納得がいかない」ということだった。担任の先生に保護者から電話があったことを伝え、自分としては、まず本人の話を聞き、そのうえで話したいと思った。

彼女に「どうして、そうしたの?」と聞いたら「それに関しては学年主任に言われていなかったからです。事前に言われていたらやりました。言われたことはちゃんとやったのに」といい、泣きはじめた。彼女は、初めての担任ではあったが、自分が発した言葉に対して責任を持たないまま、子どもに言葉を投げかけたのか。

しかし、彼女のことを責めることはできない。私自身、休みの日、家でテレビを見ていた時、ある県の教育委員会がいじめに関する事件で謝罪をしていた。それを見ながら私が「みんな学校の先生責めるけど、あの先生が言ってることは教育委員会が決めたことだよ」というと、隣にいた夫に「でも、だれが決めようと、あなたが自分の口で言ったら、それはあなたの言葉だよ」と言われドキッとした。

自分が言った無責任な言葉に、心が冷えた。

休みの日だし、マスコミに言ったことだしと言い訳はいくらでもできるが、恐ろしいくらい無責任になっている自分に愕然とした。

教師自身も時々「どうした?」と自分自身に問いかけなくてはいけない。

診るではなく、看るということ

「みる」という漢字は、ご存じのとおりひとつではない。意味に応じていくつかの漢字がある。

①見る――一般的に「見る」とは、目で何かを確認するという意味である。無意識であり、受動的に様子をみることである。例えば、風景を見る、テレビを見るなど。

②診る――医師が患者を診察する際に使う。状態を調べる。例：「医者が患者を診る」

③視る――より深く観察する、注視するという意味で使われる。例：「遠くを視る」

④観る――何かを注意深く見る、鑑賞するという意味で使う。映画や演劇、スポーツなどを鑑賞する場合に使う。感覚的・精神的な鑑賞を含む意味合いが強い。例：「映画を観る」

⑤監る――監視する、監督するという意味で使われる。物事や人を見守り、管理・指導することを表す。「工事の進行を監る」「部下を監る」

⑥試る――試しにやってみる、テストするという意味で使う。実際に行ってその結果や効果を確認するというニュアンスが含まれる。「実力を試る」

⑦看る――注意してみる。手をかざしてみる。見守る。世話をする。「子どもの面倒を看る」

教室では、様々な「みる」が必要とされるが、最近感じるのは、教師は「診る」が多く使用されているなということだ。その子の状態をいち早くとらえ、必要なものを与えること、正しい判断をすることが、求められているような気がする。授業においても、常に学習のねらい、そして評価をどうするかを問われる。

二〇二〇年度より、学習指導要領が一〇年ぶりに改訂された。「グローバル化や人工知能・AIなどの技術革新が急速に進み、予測困難なこれからの時代。子供たちには自ら課題を見つけ、自ら学び、自ら判断して行動し、よりよい社会や人生を切り開いていく力が求められる。学校での学びを通じ、子供たちがそのような『生きる力』を育むために」改訂した、と文部科学省はうたっていた。

子どもたちの将来は社会と切り離されたものではなく、「社会の変化を見据えて、子供たちがこれから生きていくために必要な資質や能力を踏まえ」たという。

そして、「プログラミング教育」が始まり、子どもたち一人ひとりにはタブレット端末が手渡された。いまや、そのタブレット端末から離れられなくなり、一日一〇時間以上もゲームや動画サイトをみている児童がいる。外に出ることもめんどうくさいという。タブレット端末を通して、世界中に行けるし、二次元でも三次元でも、会ったことのない人とも話せるし、友達になれるという。

「リア友はいらない。ネッ友がいい」という小学校六年生の子どもに「どうして」と聞いたら「嫌なことがあったとき、すぐに消せるでしょう」と言われたときには言葉を失った。でもそれって、あなた自身も同じように消されてしまうことなのに——そのことは見ようとしていないのである。

実体のない、からだのない、じかに触れあわない世界が蔓延している。

そんな子どもたちを、今こそ、「看る」必要がある。

実際に触れて、ケアをする必要がある。

主体のないあたまでっかちなからだは、「生きる力」を失っている。

一年生の生活科で「あさがお」を育て、その生長過程を記録するとき、手で触ってみて、においを感じてみて、と五感を使って観るようにしていたものが、今はタブレット端末でカシャッと写真を撮って終わる。あるいは、写真を指で拡大しながら、絵をかいたり、ネットで調べたことを写している。

ネットでの膨大な情報を把握し、取捨選択することができるようになるためにも、子どもたちが自分の「からだ」を感じ、主体として動けるようになってから、必要なら自分で選び使えばよい。様々な現象に触れ、体験を通して、おたがいの共通性を感じたり、距離をとったりしながら、各々の存在を知る。

教師が子どもを診断し、社会のレールに乗せるような学校は、大量生産をしている工場のように見えるときがある。良い「製品」とは何か。社会が望む、生産性の高い製品なのか。受験戦争というレールのうえを進みながら、故障品や、部品が足りないものは取り除かれるのだろうか。

子どもたちが自分を感じ、人として立つことは、「からだが語ることば」を聞くところから始まる。そのためにも、教師は子どもの「からだ」を看て、その声に耳を傾けてほしい。

小学校一年生の女の子が昼休みに相談にきた。

「担任の先生は、私が泣いてるときに、どうしたの？と聞くの。そんなの泣いてるときに言えるわけがないよ。泣いてるんだから。どうしてわからないのかな」

「そうだね。泣いてるときはむずかしいよね」というと、「今は言えるよ」と言って、何があったのかを話してくれた。

「じゃあ、今、一緒に話しにいこうか」と言い、クラスに行き、先生に伝えた。

返ってきた答えは「なんで、あのとき、聞いたのに話してくれなかったの」だった。うつむいてしまう女の子の代わりに「だから、そうじゃないんです」と大きな声を出してしまった私がいた。

また、彼女は「先生、私、保育園でもたくさんおこられたけど、保育園はどうしたらよかったか教えてくれたんだ。でも小学校は、教えてくれないんだね」と言って帰っていった。

この春、彼女は二年生になり、担任も変わった。

ある日、彼女が図書館前の廊下で一人立っていた。

「どうしたの？」と聞くと、「また、タブレット端末でやっていけないことしちゃっておこられた」。

「そうなんだ。でも、今、図書の時間だから、本は借りていいんじゃない」というと彼女は図書館に入っていき、担任に謝っていた。

すると、担任は「そうじゃない。自分がおこられている理由もわからないのか」と言い、彼女はどうしていいかわからず、立ちすくんでいた。

先生は、彼女がどんな思いでそこに行き、今話しているのかわかっているのか。彼女が全身で語っている言葉は、宙にういたままである。

だれが、そのことばを、ひろってあげるのか。言語化してあげるのか。子どもがからだで語っている言葉に耳を傾け、言葉にしてあげなくては、「小学校は教えてくれない」という彼女は、答えがわからないまま、放り出されたままである。

「○○しなさい」から「どうした?」と声をかけてあげてほしい。それでも何も答えなかったら、わからなかったら、その子どもと同じ格好を、からだをまねてほしい。そのとき、どんな気持ちが起きてくるかあじわってほしい。そこに答えは隠されている。

子どもたちの、答えない、言わないのも、一つの表現である。

子どもたちは、「話を聞かない、言わせない」教師に、「答えない、言わない」という形で答えているのである。

おわりに

現在九十七歳の母が、最近よく昔話を孫たちに話している。

「おばあちゃんの家は六人も兄弟がいて、おばあちゃんが長女だったんだけど、お金もあまりなかったから、お習字道具とか、絵の具とか一つしか買えなくてね。妹や弟が使うときは、『忘れました』と言って、よく怒られて立たされたよ」

「修学旅行とか行けなくて、みんなが帰ってきてその感想を書く時間にも、書くことがなくてね。でも、みんなが書いてる作文を見たら、修学旅行に行って、食べておいしかったって書いてあるものが、家で食べてるのと変わらなくてね。なーんだ、そんなもんなんだと思ったね」

と九〇年近く前の話をするのを聞きながら、「母はいまだに、そのときのことが心にあるんだ」と思い、その当時、母のその言葉をそのまま聞いてくれる人はいなかったのかな、と心が痛んだ。

九〇年経った今は、学校には習字セットを忘れてきた児童のために、貸し出し用習字セットは用意されている。しかし、子どもたちが正直に忘れたことを言い出せない現状は今もある。

そしていまだに、習字のセットを貸し出すことは「甘やかすことだ」と言い、抵抗を示す教員がいることも現実である。

そんな母が、いつも話す昔話がある。

「あるとき、父と兄が同時に工場で怪我をして、入院してね。お母さんが病院に付き添わなくてはいけなくなって。そのとき、妹がまだ赤ちゃんで、私が毎日おんぶして、お母さんのおっぱい貰いに病院に行ってね。家のこともやらないといけないから学校休んだんだ。そうしたら、学校を出たばっかりの若い女の先生が担任でね。なんで学校に来ないんだ、って怒りに来たんだけど、隣のおばちゃんがうちの事情を話してくれて、怒らないでくれっていってくれたんだよ。

そうしたらね。その先生、感激して泣いてね。それから、昼休みのたびに、毎日学校抜けだして家に来てくれて、ご飯も食べずに勉強教えてくれて、時間になると、お弁当おいて学校に走って帰っていったんだよ。

本当にうれしかったし、勉強が楽しくて、夜、電気消して早く寝ろと言われても、夢中で本を読むようになったんだよ」と。

母にとって、学校はまさに一人の教師との出会いであった。今でも、しっかりフルネームでその先生の名を言う。

母をそのままに受け入れてくれた人との出会いから生まれた学習であり、それが生きる力へと導いていった。

子どもたちが他者と出会う場で、何を大切にしていけばよいのか、毎日、格闘していた一五年だった。一昨年、再雇用で継続することが決まっていた副校長の仕事を、母の介護が必要になり、お断りすることにした。急に退職が決まった中で、最後の朝会で読み聞かせをすることにした。まだ、コロナ禍でもあり、テレビ放送で全校児童に向けて放送した。

選んだ本は、マーガレット・ワイズ・ブラウンの『たいせつなこと』である。

各々に対して、何が大切なのかを書いている。

例えば、「グラスにとって　たいせつなのは　むこうがわが　すけてみえるということ」と。声に出して読んだあと、気持ちがとってもすがすがしくなった。

スプーン、ひなぎく、あめなど、それぞれにとってたいせつなことは……と。

そして、一番最後は「あなたにとってたいせつなことは……」。

なんだと思いますか？　自分だったらどんな言葉をいれますか？　と子どもたちに聞いた。

この本では、そこに「あなたがあなたであること」と書かれている。

低学年には難しいかなと思ったら、テレビ放送の後、個別支援学級の先生がこんな話をしてくれた。

「実は、今日の読み聞かせ、難しかったかなと思って、一年生の男の子にきいたんですよ。

副校長先生のお話わかった?って」。すると、その一年生の男の子が「わかったよ。今日のお話は、自分でいるってことでしょ」と答えたという。

担任は本当にわかってるのかと思って「自分でいるって、どういうこと?」と尋ねたという。すると、その子はそんなこともわからないのという顔をして「それは、自分にうそをつかないってことだよ」と自信たっぷりに答えたという。

「なんか、うれしくなって、言いに来ちゃいました」と。

退職することに、多少の罪悪感も感じていた私は、その子に背中を押された気がした。自分にうそをつかずに、これからも、子どもたちとの居場所をともに作っていきたい。

大学四年のときの竹内ゼミでの最後の芝居は『るつぼ』(アーサー・ミラー作)だった。これから社会に出る中で、真実を言い続けることのしんどさをわかってほしいと言われた。芝居のなかでさえ、魔女裁判で真実を伝えたときに否定され続け、息苦しく倒れてしまったことがあった。私の役どころのメアリー・ウォーレンは、その裁判の中で正気を失っていく。

学校現場で、何度も似たような場に出会うたびに「私は、狂わない」と言い聞かせた。ただ、一度だけ負けてしまったことがある。そのときに、その子に「信じていたのに」と言われ、泣いてわびたが、彼女は卒業証書を取りに来なかった。それ以来、自分がNOと思うことは、相手が誰であろうと意見や思いを伝えてきた。

大人も子どもも深呼吸ができる。互いをそのままに受け入れる場を、どんな形になろうともつくりあげていく。

教師と子どもたちは今日も生きている。

教師と子どもたちのいのちが輝くために、先に生まれたものとしてともに生きていきたい。


私自身、子どもたちをはじめ、本当にたくさんの方々に場を与えられ、生きることができた。この本を書くにあたっても、子どもたちをはじめ、子どもたちに関わってくれた全ての方々に、そして家族に励まされ、助けられた。そして最後に、藤原書店との出会いをつくってくださった竹内敏晴先生と米沢章子さん、そして、私の思いを丁寧に聴いてくださり、出版のチャンスを与えてくださった藤原書店社長の藤原良雄さん、粘り強くことばを引き出してくれた藤原書店の刈屋琢さんに感謝します。

本当にありがとうございました。この場を借りて、お礼を申し上げたい。

自分をまるごと受け入れてくれた出会いがあり、今の私がいる。

幼い命が成長し、輝くために、これからも出会う子どもたちとともに生きていきたい。

口をつぐむ子どもと写真はよく似ている。

写真・ことば　伊藤・マーボー
（「たんぽぽ」卒業生）

参考文献

レイ・オルデンバーグ『サードプレイス――コミュニティの核になる「とびきり居心地よい場所」』忠平美幸訳、みすず書房、二〇一三年
グラバア俊子『ボディー・ワークのすすめ――からだと自己発見』創元社、一九八八年（『新・ボディワークのすすめ――からだの叡知が語る私・いのち・未来』創元社、二〇〇〇年）
今野哲男『竹内敏晴』言視舍、二〇一五年
竹内敏晴『ことばが劈かれるとき』思想の科学社、一九七五年、ちくま文庫、一九八八年
――『劇へ――からだのバイエル』青雲書房、一九七五年
――「『表現するからだ』走り書き」南山大学人間関係研究センター紀要『人間関係』第九号、一九九二年
――『癒える力』晶文社、一九九九年
――『思想する「からだ」』晶文社、二〇〇一年
――『「出会う」ということ』藤原書店、二〇〇九年
――『レッスンする人――語り下ろし自伝』今野哲男編、藤原書店、二〇一〇年
竹内敏晴・作、長谷川集平・絵と文『たんぽぽのこと』温羅書房、一九九六年（改題『はなす』復刊ドットコム、二〇一五年）
竹内敏晴ほか著、稲垣正浩・三井悦子編『からだが生きる瞬間――竹内敏晴と語り合った四日間』藤原書店、二〇一八年
竹内敏晴・山田真・斎藤孝「鼎談　身体感覚をとり戻す」『環』vol. 7（特集　歴史としての身体）、

藤原書店、二〇〇一年
田中哲『〝育つ〟こと〝育てる〟こと――子どもの心に寄りそって』いのちのことば社、二〇一六年
鶴見俊輔『教育再定義への試み』岩波現代文庫、一九九九年
西川幹之佑『死にたかった発達障がい児の僕が自己変革できた理由――麹町中学校で工藤勇一先生から学んだこと』時事通信社、二〇二二年
橋本敬三監修、茂貫雅嵩編著『写真・図解　操体法の実際』農山漁村文化協会、一九八〇年
林竹二『学ぶこと変わること　写真集・教育の再生をもとめて』筑摩書房、一九七八年
林竹二・遠藤豊『いま授業を変えなければ子どもは救われない』太郎次郎社、一九八一年
林竹二・竹内敏晴「対話　ごまかしのきかぬもの　からだと魂」『季刊 いま、人間として』第六号、径書房、一九八三年九月（竹内敏晴編『からだ＝魂のドラマ――「生きる力」がめざめるために』藤原書店、二〇〇三年に再録）
ローリー・バロン、パティー・キニー『「居場所」のある学級・学校づくり――生徒が「安心」できる教育環境』山﨑めぐみ・吉田新一郎訳、新評論、二〇二二年
マーガレット・ワイズ・ブラウン『たいせつなこと』うちだややこ訳、フレーベル館、二〇〇一年
前岡良汰・赤木和重「小学生は授業スタンダードをどのように捉えるのか――個人の権利意識の発達の観点から」『心理科学』第四二巻第一号、二〇二一年六月
村中李衣『こころのほつれ、なおし屋さん。』クレヨンハウス、二〇〇四年
山中康裕『ハリーと千尋世代の子どもたち』朝日出版社、二〇〇二年

著者紹介

宮田貴子（みやた・たかこ）

1962年北海道生。宮城教育大学教育学部卒業。卒業後、出村カウンセリング研究所に勤務する中で、1年間アメリカ・コロラド州でサイコドラマ、ボディワークを学び帰国、企業のコンサルタント、社会人向け心理学講座の講師、カウンセラーなどを務める。その後、7年間の教会スタッフとしてのミッション活動を経て、45歳で東京都の小学校の臨時任用教員、47歳で横浜市の正規教員となる。一般級・個別支援学級での担任、通級指導教室、児童支援専任などを担当し、副校長を務めたのち退職。現在は公認心理師として、東京都内の学校の巡回相談を行うほか、子ども食堂の運営にも携わる。

僕《ぼく》たちのサードプレイス——学校《がっこう》のなかに「居場所《いばしょ》」をつくる

2025年3月31日　初版第1刷発行 ©

著　者　宮　田　貴　子

発行人　藤　原　良　雄

発行所　株式会社　藤　原　書　店

〒162-0041　東京都新宿区早稲田鶴巻町523

電　話　03（5272）0301

ＦＡＸ　03（5272）0450

振　替　00160‐4‐17013

info@fujiwara-shoten.co.jp

印刷・製本　中央精版印刷

落丁本・乱丁本はお取替えいたします　Printed in Japan

定価はカバーに表示してあります　ISBN978-4-86578-453-4

哲学者と演出家の対話

からだ＝魂のドラマ

〔「生きる力」がめざめるために〕

林竹二・竹内敏晴編

『竹内さんの言う〝からだ〟はソクラテスの言う〝魂〟とほとんど同じですね』（林竹二）の意味を問いつめたくてこの本を編んだ。」（竹内敏晴）子供達が深い集中を示した林竹二の授業の本質に切り込む、珠玉の対話。

四六上製　二八八頁　**二二〇〇円**（二〇〇三年七月刊）

在庫僅少◇978-4-89434-348-1

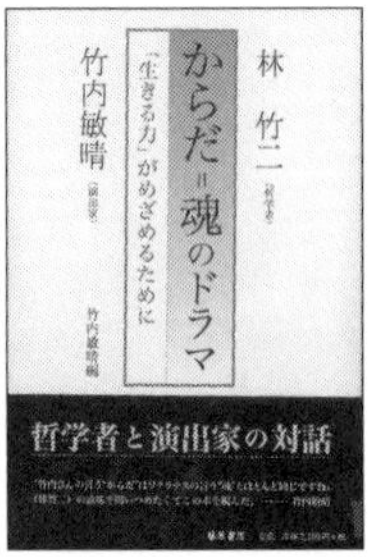

「人に出会う」とはなにか

「出会う」ということ

竹内敏晴

社会的な・日常的な・表面的な付き合いよりもっと深いところで、なまじかな〝あなた〟と出会いたい――自分のからだの中で本当に動いているものを見つめながら相手の存在を受けとめようとする「出会いのレッスン」の場から、〝あなた〟に出会うためのバイエル。

B6変上製　二三二頁　**二二〇〇円**（二〇〇九年一〇月刊）

在庫僅少◇978-4-89434-711-3

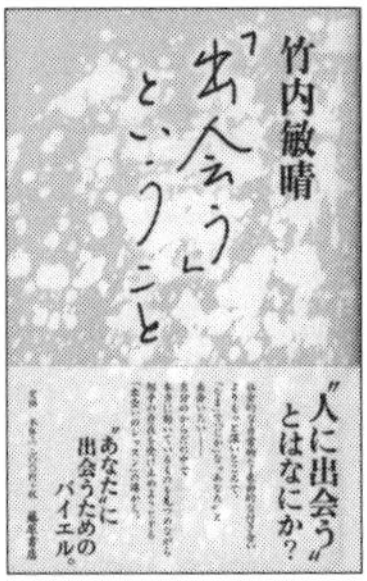

〝からだ〟から問い直してきた戦後日本

レッスンする人

〔語り下ろし自伝〕

竹内敏晴

編集協力＝今野哲男

「からだとことばのレッスン」を通じて、人と人との真の出会いのあり方を探究した、演出家・竹内敏晴（一九二五―二〇〇九）。名著『ことばが劈かれるとき』の著者が、死の直前の約三か月間に語り下ろした、その〝からだ〟の稀有な来歴。

口絵四頁

四六上製　二九六頁　**二五〇〇円**（二〇一〇年九月刊）

◇978-4-89434-760-1

真に「私」が「私」であるために

からだが生きる瞬間

〔竹内敏晴と語りあった四日間〕

竹内敏晴

加藤範子・河本洋子・瀧元誠樹・竹谷和之・奈良重幸・林郁子・船井廣則・松本芳明

稲垣正浩・三井悦子編

「からだ＝ことば」の視点から人と人との関係を問うてきた演出家・竹内敏晴が、スポーツ、武道など一流の「からだ」の専門家たちと徹底討論、「じか」とは何かという晩年のテーマを追究した未発表連続座談会の記録。

四六上製　三二〇頁　**三〇〇〇円**（二〇一八年五月刊）

◇978-4-86578-174-8